JINTIAN WOMEN RUHE
TAN ZHENGZHI

今天我们如何谈政治

南风窗杂志社 ◎ 编

人民日报出版社

图书在版编目（CIP）数据

今天我们如何谈政治/ 南风窗杂志社主编 . —北京：人民日报出版社，2014.4
ISBN 978-7-5115-2529-1

Ⅰ.①今… Ⅱ.①南… Ⅲ.①政治－研究－中国 Ⅳ.① D6

中国版本图书馆 CIP 数据核字（2014）第 066276 号

书　　名：	今天我们如何谈政治
主　　编：	南风窗杂志社
出 版 人：	董　伟
责任编辑：	林　薇　张炜煜
封面设计：	春天书装
出版发行：	人民日报出版社
社　　址：	北京金台西路 2 号
邮政编码：	100733
发行热线：	(010) 65369527　65369509　65369510　65369846
邮购热线：	(010) 65369530　65363527
编辑热线：	(010) 65369514
网　　址：	www.peopledailypress.com
经　　销：	新华书店
印　　刷：	北京鑫瑞兴印刷有限公司
开　　本：	710mm×1000mm　1/16
字　　数：	216 千字
印　　张：	16.25
版　　次：	2014 年 6 月第 1 版　2015年4月 第2版印刷
书　　号：	ISBN 978-7-5115-2529-1
定　　价：	38.00 元

序一　躲不开的政治

文/李桂文　南风窗总编辑

在中国，谈论政治从来就不是一件轻松的事情。远一点的，周厉王时，人们"道路以目"；近一些的，有"清风不识字，何故乱翻书"，有老舍《茶馆》里的"莫谈国是"。

历史似乎总是告诉我们，谈政治，是件挺可怕的事情。但今天，事实早非如此。关键看当下的政治是个什么东西。

在西方，"政治"一词来源于希腊语，最初含义是城堡，后来衍生为城邦中的公民参与统治、管理、斗争等各种公共生活。在中国，"政治"一词最早见于先秦时期，《周礼》中就有"掌其政治禁令"之说。"政"主要指国家的权力、制度、秩序和法令；"治"则主要指管理人民和教化人民，"普天之下莫非王土，率土之滨莫非王臣"。

可见，在历史上中西方对政治的理解有着显著的差别，西方政治有公民参与的传统，而中国则更强调权力的控制和管理。直到近代世界格局变迁，中国的有识之士"开眼看世界"，开始引进西方思想，求索新知。

故而，孙中山阐释的"政治"，有了与传统不同的新意："政就是众人之事，治就是管理，管理众人之事就是政治。"既然是众人之事，必然需要有众人之议，需要众人之合力参与。由此发端，经历启蒙、救亡和革命的艰难历程，政治在中国才真正成为"众人之事"。

这一历史过程，让人们认识到，政治其实不仅仅是宫廷争斗、暴力造反，不仅仅是阴谋手腕、贤愚忠奸，它还是一种重要的、常态的社会生活。好的政治可以达致社会的稳定与发展，从而摆脱暴力血腥的历史轮回。继而，当年毛泽东与黄炎培关于历史定律的"兴亡之辩"，让人们对现代政治的认识得到提升和巩固。

国运百年辗转的历史告诉我们，要把握自己的命运，则须关心国家的命运，关心国家的政治。

今天，正在进入社会变革活跃期的中国，政治仍是一切社会问题的核心，政治的细微之变，都可能事关我们每个人、每个家族、每个企业、每个阶层的命运。我们建设什么样的国家，我们想要什么样的生活，我们需要怎样的空气和食物……这些都是政治，它逃不掉，躲不过，需要去关心，去谈论。否则，我们将继续生活在一个糟糕的世界里，"推进国家治理体系和治理能力现代化"也将永远是一句空话。

诚然，在民主法治健全的地方，你可以不用登记为选民，不参与任何公共生活，安心享受消极自由带给你的权利保障，只在万一不幸被公权侵犯时拿起法律武器。但在一个曾经灾难深重、未来相当长一段时期公民权利还有待巩固的社会，"躲开"政治未必能让你逃过权利被轻忽、被践踏的打击，倒很可能让你失去寻求社会救济的勇气和力量。

被动承受大小人祸，不是人类天生的命运。当今中国社会，早已走过那个风雨如磐的年代，前人筚路蓝缕的开拓，已然在技术全球化的背景下催生了今人自由言说、理性问政的稚嫩果实。现在所需要的，就是继续给予它阳光雨露的滋养。审视当下公共生活空间，真正稀缺的不是故作姿态的高调陈辞、捕风捉影的派性指摘，而是周而不比的价值研判和登高望远的战略思考。

作为一本有着30年历史的政经杂志，《南风窗》从未放弃自己对于这个国家的责任。当下，物质化、浮夸化、碎片化、功利化的风气，几乎沾染了一切社会生活和公共空间。《南风窗》致力于"守护稀缺的价值"，传递"冷静的力量"。我们希望通过努力，为我们的公共政治生活"脱敏"，唤起更多对中国社会问题的正视和思考；也希望透过我们的书写，传递给读者多一份睿智和从容，多一份冷静与理性。

所以，让我们坐下来，认真地谈一谈政治。让我们谈谈中国"有没有政治家"，关注大国崛起中的领导力；让我们谈谈"政府为谁服务"，提防公共权力的异化；让我们谈谈"不能丧失的主义与信仰"，记住我们出发的地方；让我们谈谈"政治哲学的旨趣"，思辨政治的德性和责任……中国是我们的家，这个国家的政治就是我们的家常。

正如习近平所指出的，我们推进改革的根本目的，是要让国家变得更加富强、让社会变得更加公平正义、让人民生活得更加美好。这，也正是我们思考、迸发的彼岸。

序二　小时代还是大时代？

南方朔　台湾著名政论家

时代就是时代，每个时代都有自己特定的问题要解决。因此时代并无大小，但时代精神却有大小高低。

近百年来，中国的历史发展坎坷，外有列强欺凌，民族的存亡危在旦夕，内有丧权辱国的无能官吏。国脉的存续悬如危卵，时代的矛盾是如此巨大，它当然刺激出整个国家的巨型论述和旧式的集体意识。当那个阶段过去了之后，它就成了人们的乡愁式记忆，我们就称它们为"大时代"。

人们总会记得那个时代的慷慨悲歌、众志成城的景象。尽管那个时代的生活十分贫穷艰苦，但在乡愁式的集体记忆里，这部分已被美化，甚至于神话化，只要一讲到以前那个"大时代"，人们就会把好的记忆夸张、坏的记忆忘光。一个国族有乡恋式的美好集体记忆是幸福的。人们会记得以前曾经集体努力过，创造出某种时代精神，促成了国族命运的改变，只要想到这一点，都会觉得骄傲。

一个国族能够缅怀过去的"大时代"，美化过去的功绩，这当然没有什么不好。但人们也知道，时代的巨轮是一直转动的。解决了一个过去的旧问题，就会有10个新问题迎面而来，需要主动形成新的时代精神和国民共识才能面对和接受挑战。历史永远不会终结，这个"大时代"结束了，下一个完全不一样的"大时代"就会到来。如果只耽于过去的"大时代"，可能就会错过新的"大时代"。

近年来，我常读国民党历史。国民党在倒满革命和北伐统一这个"大时代"上的确创造出了时代精神，立下了功绩。但北伐统一后，它就得意自满，它不知道北伐统一后是另一个大时代的开始，需要去做更大的努力。北伐后，鲍罗廷曾和廖仲恺有一次会谈，当时鲍罗廷就已看出北伐后国民党人都在抢官做，争着捞钱，已失去了新的责任意识，因此他便讲了那句充满先见之明的重话："国民党已死，只有国民党人，而无国民党！"鲍罗廷的意思是在说，北伐统一是中国另一个"大时代"的开始。但国民党只对旧的"大时代"得意自满，只想当官发财，已没有了新的自觉和努力。难怪北伐后到1949年，国民党治下的中国日益残破失败，终于被赶出了大陆！

因此，时代并无大小，这个"大时代"结束了，另一个不同的"大时代"就会到来。由于新的"大时代"是如此的不同，因此对它的研判已超过了过去的能力。面对全新的另一个"大时代"，必须整个国族殚精竭智，根据对未来的愿景去形成新的方略和共识、新的时代精神。如果新的时代精神能找得到，新的"大时代"就会出现；否则就会共识零乱，众声喧哗，对这种时代，我们就会说它是个"小时代"。"小时代"并不是说这个时代很小，而是说这个时代已失去了建造大的时代精神的能力。

近年来，我总是会把《礼记·礼运篇》一再重读。书中所谓的"小康"和"大同"之分，对我很有启发。所谓的"小康"之所以是小，乃是"天下为家，各亲其亲，各子其子，货力为己，大人世及以为礼……以设制度，以立田里，以贤勇知。以功为己，故谋用是作，而兵由此起"。"小康"的时代其实也是不错的时代，"小康"时代，每个人都追求自己的利益和幸福，但却可能造成权谋私利大作。"小康"已经很不错，但比起"大同"实在差远了。所谓的"大同"之所以是大，乃在于它将人的品质提得更高，更加讲信修睦，追求自己和公众的福祉。这也是我一直认为中国应有"大同"的时代自觉之原因。

就以西方的经验为例，上世纪50、60年代，"大时代"已过，"小时代"到来，但数年之后又很快迎来一个新的"大时代"，人们开始追求"生活世界"的另一次大改革，诸如性别问题、环境问题、永续发展问题，少数民族等问题开始出现。"生活世界"的革新至今仍未已！

由此，时代没有太小，每个时代都有一样大的问题必须去面对，小时代是看不到大才变成小，因此我期望中国也能在这个"小时代"找到大的时代精神！

序一　躲不开的政治 / 001
序二　小时代还是大时代？/ 005

第一部分　政治中的各色人等

1. 中国式大众时代 / 003
2. "政治动物"的本义 / 010
3. 中国有没有政治家 / 016
4. 平庸时代的"君子意识"/ 021
5. 中国企业家的政治抉择 / 028
6. 吹哨子示警的人 / 034
7. 政府为谁服务 / 037
8. 特权阶层的赎买梦 / 040
9. 仁慈的精英 / 043
10. 被财产压垮的官员 / 046
11. 富人无祖国 / 051
12. 网民们的政治理想与幻觉 / 054
13. 大学的门朝哪边开？/ 060
14. 知识青年"晋级"路 / 063

15. "共产党员是劳动人民的普通一员" / 072

16. 势利的贪官是怎样炼成的？ / 074

17. 有闲阶层的道德责任 / 076

18. 新工人阶级的未来 / 079

19. 煤矿工人的"中国痛" / 085

20. 行走官场的巫师们 / 092

第二部分　党、国与改革

21. 今天我们如何谈政治 / 101

22. 中国需要的不是复兴，是重生 / 104

23. 我们如何叙述中华民族 / 107

24. 中国为什么不会崩溃？ / 110

25. 马克思也是民主派 / 113

26. 国家权力的两面性 / 116

27. 与"官国"传统彻底决裂 / 121

28. 悄悄变化的官场 / 128

29. 谁是既得利益集团？ / 134

30. 理工科治国，还是法政科治国 / 141

31. 官僚主义的幽灵 / 144

32. 政治领袖们必须言行合一 / 149

33. 克强经济学的中国梦 / 153

34. 共产党的自我整顿 / 160

35. 清末官僚资本主义的教训 / 165

36. 大众政治的"造梦术" / 168

37. "吃吃喝喝"的政治 / 173

38. 马尔萨斯、潘恩和生育政策 / 176

39. 改革的大境界 / 179

40. 无知之幕的时代 / 182

41. 雾霾背后的两个中国 / 185

42. 数字时代的政治与权利 / 191

第三部分　知识就是权力

43. 知识就是权力 / 197

44. 政治哲学的旨趣 / 201

45. 离开美国我们就无法思考吗？/ 206

46. 超越激进主义 / 209

47. 蛮横的"政治经济学" / 216

48. 自由与容忍 / 219

49. 开放的辩证 / 226

50. 新重商主义的挑战 / 229

51. 迈克尔·桑德尔：重建非市场价值观 / 232

52. 意识形态冲突的未来 / 239

53. 重新"开眼看世界" / 242

编后记　新闻里的中国政治 / 245

第一部分
政治中的各色人等

1. 中国式大众时代

■ 石勇　南风窗主笔

170多年前,法国历史学家托克维尔敏锐地捕捉到,"大众"出现在了历史的地平线上,欧美将进入大众所主导的时刻。

差不多半个世纪后,同样是法国人的古斯塔夫·勒庞发现,大众的理性能力非常可疑,可能就是一个笑话。又过了半个世纪,在1930年代,西班牙哲学家加塞特发现了"大众灾难"的秘密——纳粹德国不过是大众集体非理性的合乎逻辑的结果。

"大众"这一概念,隐含着是"现代社会"的产物。而我们说到以宏大叙事、激昂理想为特征的"大时代"和以个体、群体的小情趣、小偏好为特征的"小时代",恰恰和"大众"、"现代社会"这两个概念息息相关——它们都是公共领域裂变的结果。

从英国工业革命时算起,包括以上的时间片段,无疑都是西方在现代化进程中的"大时代":充满宏大高远的政治、经济、社会、文化命题,其间伴随着残酷的战争。在时代议题中,小人和小群体的趣味偏好无容身之地。这一"大时代",一直到法兰克福学派思想家马尔库塞笔下的"单向度的人"在欧美的社会空间大量出现,才因"小时代"的登堂入室而失去光芒。

听起来，说的好像是中国从1911年的辛亥革命算起，一直到今天的另一个故事版本。只不过，中国的"大时代"和"小时代"的故事，因为和西方在现代化进程中的时空并不同步，更兼政治、经济、社会、文化结构的不匹配，更为复杂和苦涩。

公共领域：两个时代共存

具有"时代"特征的一切总是超越于私人范畴。没有公共领域，就没有大众，也就没有什么"大时代"、"小时代"可言。公共领域是大众所关注的命题，他们所关心的符号、人物的栖居地，是他们在精神上谋生和在心理上寄生的母体。

可以很容易地观察到在今天中国的公共领域中的两个不同画面，尤其是在微博上。

一个画面是谈各种宏观、中观的公共议题的，涉及中国的未来、改革、制度设计、文化理想等宏大的命题，也涉及养老、食品安全、环境污染、社会公正、反腐等不那么宏大但也不小的命题。无论是否"大V"，一个设置这些公共议题的人，所获得网民关注从比例上来说相当之少，有的转发和评论甚至没有几个。

可以说，这些公共话题并非与大众无关。但正如加塞特等人所揭露的——大众永远不知道自己的根本利益是什么，它们的命运是被忽略。

另一个画面，是李开复发了一句励志的心灵鸡汤，杨幂在微博上发了一句"生日快乐"……转发和评论，动辄可以达到几万、十几万。王菲离婚，她的微博一个半小时被转29万多次。原本属于极为私人领域的事情，变成了远比食品安全、环境污染、社会公正等更让大众关心的公共事件。

这可能会让具有政治、社会、文化关怀的人绝望。放眼看去，并没有多少人去关心国家的未来、政治制度设计，以及所有人的权利。一个公民的苦难，也难以引发大众的兴趣。与之相反，明星轻描淡写发布一个表情，立马引来无数人的关注和评论。

　　这两个画面共存于公共领域中，平时少有交集和冲突。即使有交集和冲突，也看不出关注明星的那些人从个人和群体的偏好、趣味中抽身而退。这正是"大时代"和"小时代"，共存于我们所置身的这个时代、所处的特殊公共领域的尴尬处境。在充满了苦难，充满了未完成的政治社会文化理想的当下，逃避这一切的"小时代"命题和大众趣味，无声地消解、腐蚀着"大时代"命题对于一个社会健康运转的作用，而后者无能为力。

　　假定大众具有少数精英人物的理性，以及具有责任感、道德感是不切实际的。在人类历史上，永远曲高和寡，超越于个人或群体趣味偏好的东西总难以让大众激动。但问题不在这里。

　　真正的问题是，在今天，"大时代"的一切，和每一个人在利益和心理上都息息相关，大众的不感兴趣，说明了还有别的社会和心理机制在起作用，导致对大众的俘获。同时，大众也并非就不是"大时代"的主角，至少西方的现代化历程、中国从1911年到20世纪80年代的历程已经说明了这一点。我们只能确定，大众构成了"小时代"的主体，这是中国政治、社会、文化结构在公共领域裂变的结果。

"大时代"的隐退 vs "小时代"的生成

　　按照勒庞、弗洛伊德、加塞特、霍弗等人的说法，大众其实是一种"政治炮灰"。他们身上燃烧着的那些非理性的激情，极容易成为玩宏大叙事、政治修辞的领袖人物改变政治结构的能量。毫无疑问，这样的大众，在他们眼中个人趣味、偏好渺小得不值一提。

　　一个"大时代"，无人可以抗拒。因为不跟随、参与、介入，个人将找不到意义，将有被抛弃感。在"大时代"可以找到的自我面前，"小时代"的那种渺小的自我几乎不堪一击。比如，20世纪30年代，在革命面前，一些在"小资产阶级"氛围中成长起来的富家子弟和学生，就感到个人的那些小情调是多么可笑，从而走上与自身阶层决裂的道路。革命所对应的"大时代"，使他们没有任何犹豫地迅速埋掉他们过去的自我。

但这得有个前提，就是公共领域基本上被政治、社会和文化理想所覆盖，而且，技术、市场、媒介所构成的文化工业的生产机制，还没有能够制造出"超级巨星"这一偶像崇拜的现代产品，商业化的消费娱乐，有利于个人、小群体趣味偏好自我表达的机制也尚未生成。

大众其实从来没有变，几百年来都是那些人，他们所追逐的东西在他们心理上的功能也从来没有变，无论它是国家、民族、名利，还是偶像，都是精神谋生或心理寄生的对象。但公共领域的构成机制变了，大众在精神上寄生、心理上谋生的对象变了，时代特征也随之变化。

就今天中国"小时代"的发生逻辑来说，它完全就是在中国现代化进程中，随技术、市场、媒介、物质的变化而生。和西方社会在现代化完成后，政治社会文化理想一定程度上已经实现，从而在后现代的逻辑下转向世俗化、消费娱乐化、个人群体自组织地趣味化的过程并不一样，中国的"小时代"，是在对未完成的宏大命题的逃避，以及对政治社会文化困境的漠视中生成的。

回溯一下的话，这一切的到来，似乎没有疑问。

1911年，中国终结帝制，意味着在政治社会文化领域已被纳入整个世界的现代化历程的一部分。但宏大叙事刚刚开始。人们开始设计关于未来的蓝图。那个时候的公共领域，基本上就是由政治、文化理想构筑的，个人趣味、偏好、小小的物质享受，龟缩在私人领域或小圈子里，完全无法影响时代的走向。此后，抗战爆发，战争更是一个"大时代"。而国共内战，同样让"小时代"无任何容身之地。

1949年后，看起来，当初革命所许诺的一些东西，已经实现。但这还只是一个开始。意识形态开始强有力地进行控制和社会整合。整个公共领域基本上是政治的公共领域，个人的趣味、偏好，有些已然政治化。而且，比之革命的宏大理想，以及激昂向上的洪流，个人的情调根本不值一提。从 1939 年到 20 世纪 70 年代末，存在的都是"大时代"。

"大时代"并不只是政治化的结果。改革开放后的 20 世纪 80 年代，仍然是"大时代"的延续。政治、社会、文化的理想，在部分压抑得到解除的时刻得到集中释放。人们被这些理想所召唤而融入其中。因此在那个时代，市场、技术、媒介，以及物质的日渐充实已经介入生活，并且构筑了公共领域的一些空间，但大众所感受到的，仍然是对应着理想的大写的个体。

20 世纪 90 年代以后，"大时代"终于开始退场，尽管那些政治、社会、文化理想并未实现，因此仍然是宏大命题，但物质主义、技术、市场、媒介对生活的介入越来越深，它们所构筑的公共领域，以及文化工业的生产机制，已经可以让人们有条件，在漠视社会问题的时候好好地"娱乐"一下了。到今天，无论是当一个"宠物粉"，成为明星的"脑残粉"，看韩剧，还是小圈子的一帮人玩各种稀奇古怪的玩意，全仰赖于技术、物质、市场和媒介的支撑。有了点钱，有了偶像，有了商品道具，"小时代"的大众才有"娱乐"的基础。而在这些"娱乐"里面流连忘返，对于大多数人的心理结构来说，无疑比关心国家大事更快活。

"小时代"主角：脆弱的自由

大众成为"小时代"的主角，很难说，中国在现代化的发展历程中，就对应于马尔库塞写《单向度的人》时，美国在 20 世纪 50、60 年代时的那种发展阶段。那个时候的美国，已经是一个中产阶层社会，属于发达的工业社会了。但现在我们还是一个"倒 T 型"社会。

我们只能说，"小时代"的登台，对应的，是一个已经被物质主义所支配、而且技术—媒介发达的社会经济结构。这样的一个社会经济结构，使得个人、群体的趣味、偏好有了自由表达的条件，而且已经具有了可以让人们逃避政治参与和文化想象的功能。它既不是宏大理想一定程度已经实现的自然结果,也不是可以实现整个社会变革的前奏。

因为它不过是在中国现代化历程中,在时空上和西方不同步,政治、社会、经济、文化结构不匹配的结果。一帮人在那儿忧国忧民,并不妨碍另一帮人有条件在另一边陶醉在自己的小情调中。后者远非一种日常生活中的对于政治和社会结构的变革力量,它只能推动经济结构朝向于更加满足人们的物质欲望的变化,以及文化工业创造出更加精巧的形式,大致如此。

由于激进的现代化逻辑,到现在为止,中国在经济结构上,远比政治结构、社会结构、文化结构走在前面。从经济总量上看,它已经可以支撑一个民主社会的运作了。但仅仅就国家和市场的关系来看,政治结构的变革是迟滞的。社会结构的畸形和结构紧张,注定让大众在"小时代"中的玩法缺失安全感。文化结构固然多元,但它的支离破碎,难以支撑人们的精神关怀和认同,也无法提供这样的安全。

所以,无论是作为"大时代",还是"小时代"的主角,大众都共有同一种东西:焦虑。区别只是:投身"大时代",他不会感到自我的渺小;而心理上寄生于"小时代",恰恰只是对渺小自我的逃避。

但不可能逃避成功。因此,"小时代"的主角们,和"大时代"的主角们一样,需要攀附在某种理论、思想观念之上,以此在头脑上或心理上向自己和别人证明自己的选择是合理的。在逻辑上,这些理论或思想观念能否通过检验并不重要,重要的是它们必须存在。这和西方那些钻在"小时代"里的人又不一样——他们这样做,理论依据正是渗透在非常成熟的制度中的那些理念,比如自由。

"大时代"中的中国人,无论坚信哪一种理论和思想观念,显然排斥孤立、冷漠、价值相对论。但就"小时代"的大众,其背后关于唯我主义、相对主义、享乐主义的预设而言,在精神旨趣上,恰恰和"大时代"所要求的精神旨趣构成冲突。在"大时代"的预设中,改变一个社会要大家一起来完成,而一帮不关心、参与公共事务的人,如何能做到这一点呢?对此,"小时代"的大众回应:这是我的自由。

唯一的问题只在于:当"大时代"中的自由很脆弱时,"小时代"中的自由,是很牢固的吗?

2. "政治动物"的本义

■ 赵义　南风窗常务副主编

要改善中国社会生态，政治已经是一个绕不过去的坎。但在当下的中国社会，谈论"政治"容易被宏大词汇所包围，难接地气。当人们普遍还在为"经济自由"努力奋斗的时候，政治的问题也许就不会在价值选择排序上占到靠前的位置。然而，中共十八大之后，人们感受最强烈的地方恰恰在于政治——从庙堂之高处开始放下身段，拉近与普通民众的距离。

古希腊哲学家亚里士多德有一句名言：人是天生的政治动物。这话反过来说更切合当下中国社会的实际，即没有良好的政治生活，人就是残缺和不完整的，难以成就人。对于以政治为职业的人物而言，这一点尤其重要。政治上放不下的东西，最为沉重，比如特权、权力通吃的好处、短期行为等。用制度经济学的术语说，这带来了社会的"交易成本"，从社会生活层面说，这增加了社会的怨气和不平之气。

而一旦放下这些东西，政治的德性之光就会焕发。正如中央编译局副局长俞可平说的，"如果没有一种超越个人或集团利益的胸襟，没有一种推动社会进步和为人民谋福利的境界，对于新的思想观念就会患得患失，畏缩不前"。结果只能是，看到的处处是问题，想到的处处是防备。但现实的世界其实并不是这个样子。良好的政治生活，最先成就的是以政治为职业的人物。

对于普通民众而言，良好的政治生活也不是可有可无的事情。我们已经深受社会生态不健康之苦够久了，继续在"逐利"的道路上狂奔，我们的生活照旧会在缺少价值呵护的底线附近徘徊。一旦不健康的社会生态固化之后，选择变得如此逼仄，我们随之陷入了各种利益算计的简单游戏之中（拼爹、搞掂文化、道德最小化竞赛、体制外和体制内的选择等等），理性人的假设变成了"赤裸裸"的现实。

从逻辑上说，良好的政治生活是为了促进人们共同体的感受，以对人的价值的尊重，焕发出对于国家、社会的"一体感"。简而言之，就是政治上的"以人为本"。我们从来不缺乏"乡土情结"和"爱国主义"，在关键时刻总能发挥其凝聚力，但对国家、社会的"一体感"却是脆弱的。这种"一体感"需要的是"润物细无声"的日常生活的滋养，而非一朝一夕所能功成。

政治文化的转变

执政党提出"以人为本"已经很多年了，只是要融入到各级政府、官员的施政的"血液"里，仍需要巨大的努力。

我们可以先看两个例子。一个是 2012 年 12 月 14 日发生在河南信阳光山县的小学生被砍伤事件。据新华社报道，12 月 17 日，《信阳日报》在头版刊发《光山：努力办好人民满意的教育》一文，被网友指责"报喜不报忧"。当天晚上，信阳日报编委会通过其主办的信阳新闻网发布声明称，这则报道"客观上造成了对受伤学生及其家人的伤害，并对公众舆论形成误导"，"谨向广大读者表示诚恳的歉意"。

另一个是贵州省毕节市在 5 名少年闷死垃圾桶的事件之后，将"严禁人畜入内，违者责任自负"12 个大字印在了当地的垃圾桶上。同样，这件事情也遭到了网友的指责，12月20日，七星关区对何官屯镇喷制不当警示语进行通报批评、责令整改，镇长微博致歉。

承认错误，固然值得肯定，但让人深思的是，发生悲惨事件后，有关方面的最初反应何以变成了再次"伤害"？如果说悲惨事件尚可以有客观理由作为开脱的借口，事后的反应则充分暴露了某些地方政府执政忽略"人"已经到了相当严重的程度。面对悲惨事件，应该具有的是担当、反思和问责，不是文过饰非、推卸责任。

政治文化需要转变的地方可以说不胜其数。比如，一些地方的征地拆迁、扶贫、税收等工作，仍然带有很深的"战争体"的烙印，"歼灭战"这样的字眼随处可见。"歼灭战"不仅仅是口号，也代表了一种治理模式。拆迁中就有诸多灰色甚至黑色的手段，税收中则是弹性巨大的相关部门的"自由裁量权"，无论是拆迁户还是纳税人，并不是独立的主体，都是在政策甚至是法律的边缘与权力部门周旋。

征地拆迁"战争体"的背后则是，在考核压力之下，政府部门需要在较短时间内（"争分夺秒"）完成情况可能千差万别的权益变更，因此需要强力推进。要完成这一工作，也就需要在相当程度上抹掉个性的差异，由此必然导致某个人或者某个小群体的反弹，带来上访或群体性事件。2012年12月18日，中国社会科学院发布的2013年《社会蓝皮书》提到，近年来，每年因各种社会矛盾而发生的群体性事件多达数万起甚至十余万起，2012年的情况也不容乐观。

其中，征地拆迁引发的群体性事件占一半左右。

"以人为本"的前提就是尊重"千差万别"。对"千差万别"能够快速"一刀切"，被普遍认为是所谓的体制优势。但在"社会矛盾明显增多"的情况下，所谓体制优势的边际收益也迅速递减。这亟需在政治文化上与"战争体"进行一次比较彻底的切割。

积累执政的道德资源

对此，也许会有不同观点，认为中国相当一段时期内仍需要这种体制优势。对此，我们应该需要一个整体性的判断，即民众对于执政的认同度建基于何处？经过30余年改革开放，尤其是入世以来，中国已经成为世界第二大经济体，但社会发展这块短板还没有补完整。各级政府还是经济建设型的，仍在自己的偏好的道路上狂奔，发展的成果拿了大头，再投入到GDP的产生之中，腐败现象愈演愈烈，所谓的中产阶级的社会负担则过度市场化，不堪重负。

可以说，单纯由经济增长带来的执政的合法性资源，因为旧的发展模式受到了极大的损耗。改变见物不见人的发展模式，其实也是执政党和政府为自己积累执政的道德资源。具体到人，如今的社会矛盾集中表现在先富人群与在改革中利益受害人群如何均衡的问题，也就是如何公平分配中国已然累积起来的巨大财富。

习近平总书记近日走访了各民主党派和全国工商联，据民建中央主席陈昌智说，习近平谈到了毛泽东主席和黄炎培在延安窑洞关于历史周期律的一段对话，至今对中国共产党都是很好的鞭策和警示。众所周知，这段对话就是著名的"窑洞对"。事实上，改革开放后的中国社会，在某些局部已经经历过周期律的作用，比如农村干群关系从鱼水关系、油水关系、势同水火到惠农后的缓和。如今，农村征地已经积累了相当的矛盾，亟待摆脱周期律的作用。而在城市内部，正如李克强副总理多次强调的，城乡差距问题既普遍又突出，而城市二元结构中的高低收入差距往往更大。如果政策、制度和法律等不及时进行调整，把支点真正转变到人身上，自然会积累城市内部"周期律"发生作用的爆炸力。

需要澄清的是，执政的道德资源的积累，不是简单依靠自上而下的层层贯彻所能达到，实则是在政府与各种合理合法的"抗议"的互动中产生。

就像思想家李泽厚说的，"改良不是投降，不是顺从，改良恰恰是斗争，而且可能是非常尖锐的斗争"。执政党和政府愈是习惯了来自社会的改良式的"非常尖锐的斗争"，并顺势改变，愈是能积累执政的道德资源。比如，在多年的征地拆迁的博弈中，其实很多地方政府已经相当程度上完善了政策，丰富了相关民众的选择项。相反，有的地方政府，在面对外界的批评时，往往采取各种手段"封杀言路"。权力的优越地位得到了张扬，执政的道德资源却大大流失。

回归权利

"以人为本"的根本是确立权利体系。"人"是抽象的，其落地的概念很多，比如人民、公民、劳资双方等等。居民和农民的划分（虽然正式的说法是城市居民和农村居民），无论是统计学和实际政策含义上都有重大区别。2012年初关于取消"农民工"称谓，有过一阵热烈的讨论。至今，正式文件的称谓仍是"外来务工人员"。

真正有价值的区分人的概念，必须有充分的权利界定。比如说消费者，就有消费者主权、消费者剩余等相关概念——这些概念把自由竞争和个人的真实好处紧密联系在了一起，垄断的坏处就在于消费者剩余向生产者剩余转变。而在"农民"概念上面，权利的界定就是个远未完成的过程。比如，2012年12月24日，土地管理法修正案（草案）提请全国人大常委会审议，现行《土地管理法》中所规定的"土地补偿费和安置补助费总和不得超过土地被征收前三年平均年产值30倍"的条款被删除。这是农民土地权利前进的一小步。有论者认为，如果把城市化土地置换过程中的一半收益让渡给农民，那么农民就可以获得万亿以上的收入，农民变市民所需要的成本就在其中。目前，集体土地确权已经接近完成。如果没有"收益让渡"，确权本身最大受益者并不是农民。

在类似的名单上，我们还可以列举很多，股民、纳税人等等。从政治上说,权利的确立过程,就是权力不断后退和划清边界,以及权利相互协调的过程。权利真正扎根了,才可能出现"人人都起来负责"的局面,才不会"人亡政息"。因为,权利也意味着责任,权利不可让渡之处,也是责任不可让渡之处。政治做不到"以人为本"的最可怕的地方,也许并不在于权力的专横,而是权利残缺的人们抛弃责任的"顺理成章"。

权利的确立是一个艰难的过程。权利的确立和责任的担当也并非同步。但历史就是两者不断接近的过程。

3. 中国有没有政治家

■ 覃爱玲　南风窗高级记者

经过30多年的高速发展，中国的经济社会发展进入了新的平台期，贫富分化加剧，经济升级乏力，法治与维稳并存，市场化改革面临倒退的危胁。社会期盼新的活力出现，却又担心动荡带来的巨大伤害。社会上呼吁进行与经济改革相对应的政治改革的声音也进一步加强。

毫无疑问，对社会影响最大的仍是处于社会金字塔顶的政治人物。人们不是容易夸大他们的作用，就是觉得他们离得太远，与自己毫无关系。人们期盼着政治人物大有作为，但现实的货币政策、对经济的调控、对社会的管理以及社会改革等等，事实上会在不同的利益群体那里得到不同的反应。

这是一个需要并可能造就优秀政治家的时代。他们必须倾听时代的呼唤，也要保证中国这艘巨轮能够平稳前行。

后邓小平时代

在当代中国，什么样的人可以被称为政治家？

有自己的政治原则和信念，不为流俗所惑，对社会发展大势具有判断能力，不取悦民众的短期所好，并能冲破利益集团或意识形态的桎梏，顺应历史潮流，推动有益于民众真实需求的社会变革，这些几乎古今中外通行的标准，仍是我们现成的衡量标准。

一位来自拉美的媒体人曾向《南风窗》记者感慨，中国人很幸运，有邓小平这样的政治家，能把握住大的社会发展方向，又能让后继者沿着同一条道路走下去，所以能出成果。"我们国家选举产生的领导人，前后政策相差过大，几乎每过几年就得连根拨起从头开始一次，这种政策的不稳定性，使得经济社会很难走上正轨。"

毫无疑问，中国仍处在后邓小平时代。美国汉学家傅高义的《邓小平时代》一书甫一面世，便风靡华夏。在历史的关口，邓小平用"摸头石头过河"的现实策略，将中国从意识形态的桎梏中解脱出来，并规定了至今仍在实行的"发展经济、稳定政治"的历史性框架。

后邓小平时代的中国，进入常人政治时代，开始真正的"党内民主"和集体领导，而非如毛泽东、邓小平等个人具有绝对权威。至今，已经实现了第二次10年一次的领导人集体交接班。他们的共性比较明显，受过系统的高等教育，从青年时代起因为某种机缘"学而优则仕"，成为培养对象，总之，有着在经济社会发展过程中历练出来的政治才干，一般喜欢在舆论中保持一种"稳健的开明"形象。

"不争论"，"不折腾"，"实干兴邦"，从这三个重要的政治口号中，可以看出从邓小平到胡锦涛再到今天的新一任中央总书记习近平，将主要精力聚焦于具体经济社会事务、不沉溺于宏大政治构想的思路一脉相承。我们不能否认的是，这一思路在中国社会，至少是相当一段时期内，有着深厚的民意土壤。

与30年前有所差异的是，随着中国整体实力的大幅上升，以及全球金融危机爆发对西方社会造成的负面冲击，中共领导人开始更多地谈论"制度自信"，而非邓小平时代的"摸头石头过河"。同时，他们也明确意识到，过往的发展亦造成了"固有利益格局"，他们声言要打破这种格局，进一步释放社会的活力。熟悉政治发展史的人们都可以敏锐感觉到,这正是政治家有可能要大发异彩的征兆。

具体到政治人物的选拔上,已经有人开始表示,中共这种"培养制"选出来的政治领导人物,可能比西方通过投票方式选出来的人物更具政治经验。(基辛格就注意到,美国的政治家们更年轻,用于学习的时间更少,更缺乏经验,在政治上有急于求成的倾向。)

既得利益

当前的中国社会,已经处于利益多元化和价值观多元化非常明显的时期。但倘若你问许多普通的干部,他们作为日常榜样学习的,多半仍是曾国藩之类深植于中国传统社会的实用主义政治人物。

具有科举和官僚体系传统的中国,在当代也实现了新的科层制度——主要体现为政绩考核下的领导干部层层选拔和晋升制度。官僚体系对人志气的消磨,会不会使得人在一级一级顺着这种科层制奋斗到中高层后,失去任何宏远的梦想,内化为毫无自我特征的一枚官僚体系的螺丝钉?这是一个人们常常提及的问题。

更重要的是,当前,所谓"体制性障碍"都与权力有着千丝万缕的联系。在中国的经济改革过程中,政府作为主要推手之一,无可避免地深度介入了经济的各个领域。在接下来的时间里,由于没有严格划清边界,在路径依赖和官员本人利益、部门利益的催动下,市场经济和社会建设的正常发展被极大地扭曲。

作为官僚集团的一员,如何能够移动自身所处集团的奶酪?这场被称为自我革命的战役胜负一向难料。真正的政治家需要权衡取舍,而非四处逢源做老好人。

需要提醒的是,常人政治并不等同于政治家的平庸化甚至矮化为官僚体系的"代言人",只不过是时间的推移和任何制度维持生命力必然会带来的客观阶段——领导人新老交替的制度化和固定的任期制等。政治家的决断力照样不可或缺，这是他们无可推卸的责任，正如10多年前的入世谈判一样。今天，谁也无法否认，这一决断深刻改变了中国和世界。对中国市场经济转型做出重大贡献的前总理朱镕基，他推行的大规模行政体制改革，减员分流，是许多人至今怀念的"大手笔改革"。他曾声称，"抬着棺材"也要改革，的确也为时至今日的中国经济打下了框架性的制度基础。大批他所培养的经济管理人才，正处在中国经济的各个关键岗位上。

即使是对"摸着石头过河"的邓小平，我们也不能因为过往改革在时间长河中身影日渐模糊，而产生一种错觉，似乎当时的改革就是增量改革，容易得很。通过傅高义的《邓小平时代》，我们也可以看到，政治家一样时常处于既得利益群体和思想"保守"群体的反对之下，无论恢复高考、包产到户、精简军队和特区实验等，都是如此。政治家的使命是，不能让我们这个社会被既得利益绑架，正如政治家的公共政策有时候也会被其绑架一样。

常人政治时代的另一特点则正是常人政治本身带来的，即政治家的责任更多倾向于利益的平衡和协调，任何"极端"的做法，往往受制于常人政治下的政治框架而变得"行不通"。比如，政治家现在不能不顺应民意，矫正某些领域的过度市场化，同时又不得不在某些领域推进市场化。同样，贫富差距拉大要求政治家促进财富的公平分配，同时也要警惕，非理性的仇富和不以社会整体财富增长为目标的社会再分配，都可能导致社会陷入整体性的退步。

现代政治家追寻

显然，中国的社会不可能永远停留在邓小平时代。经过30年多年的迅速发展，中国已经从上世纪80年代那种贫穷的农业社会，过渡到工业化中期的初级阶段。在高速的经济发展下，政府对于政治和社会领域一直处于被动应对和修补状态。

在这种状况下，如何现实有效地进行综合的社会和政治改革，成为考验中国政治领导人的一道主要难题。伟人与历史谁造就谁，这个老掉牙的话题，因其社会实用性，必将一再地被人问起。

或许，对于一直对学习新加坡有着特殊爱好的中共领导层，新加坡国父李光耀本人的形象具有特别的借鉴意义。同样是在一党长期执政的情况下，在华人文化圈内，李凭借一个小小的城市国家，成为具有国际影响的政治家。在他领导下发展起来的新加坡，一直是中共主流官员学习的重要目标之一。

李光耀式的政治家是一种改良版的传统华人政治家，从技术上极尽细致地学习西方的手段，包括从广泛动员的选举到将优秀人才送至欧美最好的大学进行深造等，但从精神上，政治家与民众的关系并非西方现代社会主流所认同的以个人为中心的自由和平等，而是父母与孩子的关系：我是为你好，所以有权利对你进行相当程度的管制。

这一父爱式的形象，对于底层民众或许有一定吸引力，但对于民智已开的中上阶层、尤其是知识份子，未必领情，也未必需要。

另外，在以政府为载体的党的政治家之外，随着社会空间进一步扩大，公民意识地进一步深化，日益活跃的民间社会中，大批民间意见领袖已经具有政治家的雏形。他们尚主要表现为以言论参政，通过舆论影响各种或宏观或具体的社会事务，但亦已出现一些简单的公民行动。政府如何与民间社会更好地互动，是中国社会治理面临的重大问题。

对于掌握施政权力的政治家而言，适时的社会和政治改革，是难以回避的。问题不在于改不改，而是政治家如何在改革中获取自己的支持力量。不能让政治家获得支持性力量的改革，注定会陷入"停顿"的宿命。而伟大的政治家的一个特点又是，常常会从改革中获取力量的灵感。是时代在推着政治家前行，敏锐的有判断力的政治家又会引领时代。

4. 平庸时代的"君子意识"

■ 何蕴琪　南风窗编辑

当社会转型进入瓶颈,除了诉诸改革,对公民道德的强调,开始以各种方式进入人们视野,无论是官方话语、学界讨论还是民间舆论的不同空间,无论是"道德血液"、"公民道德"、"良心"的不同表述,都在指向关于公民个体的德性问题,而公民个体的德性问题,又在一个建立现代国家和公平社会的语境下,必然地拥有它的公共含义。有意思的是,从西方的新共和主义,到回溯中国传统的儒家思想,都似乎在一个问题上取得一致,而这个一致的背景,则是全球范围内因自由主义过度发展而导致的物质化和平庸化,以及由此对人的德性以及公共生活造成的影响。中国政法大学教授王人博,和北京航空航天大学教授秋风,就当代中国社会公民教育的意义和走向,向《南风窗》记者阐述了他们的理解。

两个伦理:西方转型的启示

《南风窗》:王人博老师近年对梁启超有深入研究。作为五四一代人的精神导师,梁任公在经历立宪、革命种种之后提出他认为建立一个现代国家最关键的问题:中国人能否承担得了现代国民的任务,并提倡"新民"。那么,如果我们把现在的处境和梁启超或五四一代人所处时期比较的话,现在的公民教育语境是否能和当时对接上，还是有一些新的挑战或是任务？

王人博：中国的现实是一个特别复杂的局面，人口多，文化和地缘差异大，同时，鸦片战争后经历一百多年的折腾。又有历史问题，又有现实问题。当然，从一个代际来看的话，梁启超一代和五四新文化一代，和我们肯定是有区别的。

比方说，梁启超当时认为，中国要达到宪政民主的任务，首先要有一个士绅阶层的崛起，或曰"中等社会"。我们现在一般用"中间阶层"或是"市民社会"的概念，这两个概念跟士绅社会肯定是不一样的，反而更接近于西方意义上的市民社会。从构成上，今天的中间阶层包括律师、医生、大学教授等，和当时传统的士绅构成不一样；从人数来看，中国目前的中间阶层，或者说市民主体，人数越来越多，那么条件应该说比五四时更成熟。梁启超认为达到宪政民主的第二个条件是，我们如何从现代语境下的市民社会转型为一个公民国家。这是很重要的一个问题。

在这个问题上我个人比较悲观，从理论上讲，一个民主社会宪政体制肯定是由中产阶层推动的。但是真正从一个物质意义上的中产阶级，转变成一个政治意义上的公民，并不是顺理成章的。西方的这个过程，具备了两个条件，一个是宗教伦理，一个是政治伦理。宗教方面，有基督教对人的教化，安顿了人的心灵，这是基督教对公民社会和宪政体制的突出价值。另一个是政治伦理：物质上富裕的这批人，他要享受权利，那么通过共和体制的安排，给他们带来了一个新的政治伦理，那就是责任。到底一个有知识有教养的这么一个阶层，我要为社会承担怎样的责任？这个阶层的责任和权利是不能分割的。这两点，是西方转型时很重要的两个因素。但中国呢，第一，我认为儒家伦理在中国向公民社会过渡时，太过理想化。第二，政治伦理，这是我们现在缺乏的。从物质上讲，中间阶层这批人已经上来了，但政治伦理、政治道德、身份带来的责任意识，现在都挺缺乏的。

如果这两方面都不能形成，我认为公民社会、宪政体制也好、民主社会也好，还是比较遥远。

秋风：梁任公的时代有大量接受了儒家教育的精英，他们都具有君子意识，也就是公共意识，并且有承担公共责任的能力。比如以张謇为代表的一大批绅商，他们都是受了儒家教育但是从事商业活动，他们都有很强的公共意识，也有从事公共事务的能力。

儒家养成健全人格，或"君子"的目的，就是为了塑造公民，也就是共和意义上的公民，或说"积极公民"。在现代社会中，要成为一个儒者，就是把自己养成一个君子。君子需要几种品质，比如要有德行，还要有能力和威仪。现在很多人有钱、有权，但行为粗鄙，没有一个得体的、高贵的生活方式行为方式。那么成为一个君子最后的社会功能是什么，不光是满足自我修养，而是要成为一个公民。"君者，群也。"就是说，君子的功能是联合人们，把人们组织起来，建立一个自治性的组织。如果一个社会中有一批这样的君子，那么这个社会就会自我治理，其实这和共和主义所讲的相似。

我们今天的时代面临各种各样的问题，但起而解决问题的人的数量还不如当时。一个非常严重的问题是，现在的教育体系，从幼儿园到博士，纯粹是技术性知识的传授，包括社会科学人文科学也是这样。没有跟他们讲道、没有讲怎样养成君子人格，没有德性的耳濡目染。如果社会上的精英都是从这样的教育体系下训练出来，那么他们当然会缺乏必要的公共精神，和从事公共事务的能力。国家、社会虽然问题很多，但没有人愿意出来解决，或者没有足够的能力去解决。中国改革三十年的进程缓慢，一个根本的社会文化原因是，中国社会缺乏君子群体，也就是缺乏积极公民群体。

两个文明的结合：精英统治与法律

《南风窗》：刚才提到儒家伦理在中国向公民社会过渡时候的价值和适

用性问题，我们今天的社会是一个后工业化的社会，个人已经被相当程度地原子化。传统农耕社会下发展的儒家伦理，是否已经缺少了它的物质或者说组织基础？

秋风：我不认为儒家植根于农业社会。在儒家成长的过程中，中国社会本身就是一个比较复杂的构成。只要去看一些社会史、经济史的研究，你会发现，在传统中国，农民传统收入的一半是来自工商业，比方说明清时代东南沿海的农民就是如此。儒家本身讨论的问题，恰恰是在一个陌生人社会中如何建立互信。这不是它唯一讨论的问题，但是它非常重要的一个维度。因此来看，儒家的价值是可以超越某种具体的经济政治形态，讨论的是一般意义上的人和人交往的共同的比较健全的规范。经过这样的推导，儒家在当代社会是有广泛的可适用性的。

王人博：不管怎样弘扬儒家价值观和伦理道德，我们要承认一个现实：儒家作为一个系统的价值体系，随着晚清的崩溃，实际已经倒塌了。我认为，儒家根深蒂固的生发基础还是农耕文明，它和农耕之间还是有内在的关联性。

我个人看来，在工商文明的框架下，儒家起的作用，首先，在性质上是碎片化的，但是，在我们的工商社会向西方文明靠拢的过程中，儒家作为一个碎片化的价值，却还是能够帮上忙——特别是它对公民个体的成长的意义。比如儒家强调"君子之德"。儒家的"君子"概念，跟共和主义语境下讲的"公民"很接近，讲德性，讲责任，讲修身。作为一个公民这些肯定都是有用的。共和体制下的公民，他不可能是个无法无天的、下三滥的一个人。在这方面，我认为儒家肯定可以帮上很大忙。

再一个，传统的五伦。像君臣、父子、夫妻、兄弟、朋友，这样的完整的体系可能现在已经没有了，但这样的价值在我们这样一个工商文明下的共和体制或宪政体制，肯定是有用的。难道到了共和社会，我们就不孝敬父母吗？就不讲究夫妻的互敬互爱吗？这是公民个体必须要有的基本教养和伦理规范。

《南风窗》：儒家对君子的理解是否表明，它仍然是一种精英政治，因为人民是需要"被教化"的，这一点和西方的公民社会建设话语能否接轨？

王人博：儒家的教化方式导致的必然是精英统治。什么叫德治，就是有道德的人、修炼成为君子的人来统治其他达不到这个目标的人，因此形成了君子统治小人的秩序，也就是有德行的、精英的集团，来统治没成为君子的那些小人。这和西方的概念不一样，这也是我认为儒家的一个负面的东西。

当时，梁启超到美国去，看到美国的宪政体制以后，说它的体制不好，他批评说，"参加总统竞选的都不是最有德行、最有能力的人"，这代表他心目中的预设是，美国的宪政体制还是应该由精英来统治国家。其实我们现在的观点也是和这个观点一脉相承的：人们总是预设国家领导人肯定是精英，他的能力、德行都必须具备。

西方的逻辑恰恰倒过来。它首先假定人人生来平等，并通过法律把实质的不平等转化为法律意义上的平等，规定在法律意义上，大家享有平等的权利，这是西方文明带来的一个的结果。它起码做到了一点，也就是在同等条件下，每个人的权利、人格是平等的，虽然实质上社会地位不平等。

我们很难改变这么多年的儒家精英统治的观念，但我认为最好的结果是，可以在接受精英统治的前提下，再把西方的法律意义上的平等作为一个补充条件加进来。从而形成有德行、有能力的人统治社会，同时也给那些没有德行、没有能力的人一定意义上的人格上的尊重。我认为这样的一种儒家文明和西方文明的补充结合是最好的。

关于公民德性：儒家和共和主义的相遇

《南风窗》：前哈佛学院院长 Harry.R.Lewis 在《失去灵魂的卓越：哈佛是如何忘记教育宗旨的》一书中批评，西方大学也渐渐失去人文传统，沦为知识生产工业中的一环。看来不论是中国，还是西方，都同样面临这样的问题。

王人博：儒家之所以在中国复兴，背景就是，以英美为主导的在自由主义框架下的现代性，给整个人类带来很多问题。一方面导致过分追求物质，一方面导致极端自私。同时，这个在自由主义框架下发展的现代性，导致整个世界的平庸化，失去了人文精神、失去了高尚——高尚在现代性意义上根本不可能实现。全球性和现代性带来的困境，这就是儒家复兴的大背景。儒家就是要把人往上提升，这是儒学在当今的意义，不光是在中国构建公民社会的意义，也是在全球的意义。西方人也发现了，要治它们的现代病，儒家可以作为一种思想资源。

秋风：过去一百年，中西在技术上的一个差距，使儒家这个普遍性的知识体系被地方化了。西方人有这样一个倾向，而我们中国人这样的倾向也很严重，那就是我们都把西方价值视为普适价值，儒家的价值就是特殊价值。这样的话语在现在非常流行。我相信，儒家的普遍性会得到越来越多的承认。

《南风窗》：共和主义提倡的公民德性是否也是西方反思现代性困境过程中的一个资源？

王人博：共和主义，特别是新共和主义兴起的背景，是西方有识之士看到了建立在西方价值体系上的发展的弊端，也就是自由主义带来的恶果，庸俗化的世界。但不要忽略一个前提，共和主义建立在承认自由主义的基本价值基础上，像自由、公民权利、人权、宪政，只是他们看到了这个权力体制下的世界实际有很多问题。共和主义是在为了保持这些价值的前提下，克服那些弊端。他们回到马基雅维利，从马基雅维利开始，发现了公民德性的概念，这是共和主义特别强调的。马基雅维利强调的那几个公民德性，恰恰跟儒家特别像，第一是节制，那就是克制，也就是克己。第二是勇敢。第三是理性，跟儒家的"智"相当。最后一个，也是最重要的，是审慎，也就是不能莽撞。

但对比共和主义和儒家的相似性，需要清醒意识到两者前提的不一样。共和主义是在承认宪政体制、人权等这些基本价值基础上试图克服过分的自由主义带来的恶果，我们现在是在利用儒家来建构一个人权和宪政体制。两者的前提是不一样的。我们的问题意识不一样。我们是在建构一个符合现代性的文明时，思考儒家能帮上什么忙。

5. 中国企业家的政治抉择

■ 覃爱玲

2013 年，中国标杆式的两位企业家马云和柳传志分别发表了一些较为敏感的个人政治意见，由于两人在中国企业界的位突出，再次引起了社会对企业家政治态度的关注。随后，众多企业家表态，媒体和其他人士亦纷纷发表各自的意见，将此问题推向高潮，成为一个观察当前中国企业家政治态度的重要切面。

"谈不谈"与谈什么

柳传志在正和岛这个企业家俱乐部性质的半内部场合所说"以后聚会我们只讲商业不谈政治"，成为此轮讨论的主要标的，被上升到"企业家要不要谈政治"的高度。

正和岛号称中国商界第一高端人脉与价值分享平台，据其网站上宣传，柳传志、张瑞敏、鲁冠球、王石、马云和俞敏洪等著名企业家，都是其热情支持者与积极参与者。作为对柳传志"在商言商"态度的直接反对，正和岛的另一位成员王瑛即刻宣布退会。

从报道上看，柳的观点得到了岛内众多企业家的支持。此后，包括冯仑、宗后庆等不少著名企业家和其他社会人士，亦支持其专注本业，在特定政治环境下与政治保持距离的"政治智慧"。而包括王石在内的企业家，则明确表示，企业家不仅应将自己的生意做好，作为掌握大量社会资源的新兴社会群体，具有推进社会变革的更大责任。

两方的表态，鲜明的反应出企业家群体内两种不同的政治意见。

第三种中间态度似乎得到更多业内同意。新东方的创始人俞敏洪表示，商人的本分应该是在商言商，但在中国，政治和企业的生死、商人的沉浮密切相关，商人没法不关注，所以，"尽管在商言商一定是好事，但中国的商人做不到"。

这一争议，遂变成了中国企业家和社会共同对政企关系态度的一次检视。

事实上，这些年来，企业家一直在谈政治。在以经济为中心的当代中国，企业家已经和明星一样，成为全民偶像的一种。在民众对房价飞涨抱怨四起的当前，包括任志强、潘石屹和王石等在内的几大著名的产商居然能成为广有支持者的"公知"，本身就是一个很有意思的现象。

分析可以发现，此轮"该不该谈"风波，实际上是"自由派"知识界和社会活动人士对于企业家作为一个群体站不站在自己一边的焦虑。柳传志"不谈政治"、在商言商的态度引起争议。马云在采访中，流露出的与流行观点不一致之处，遭到的是更严厉的批判。所以，问题不在于"谈不谈"，而是"谈什么"。

在此之前，柳曾明确表示自己是个精英主义者，并不赞成一人一票的大民主式普选。在这种情况下，很难说按照他的观点来讨论政治，会有多大的政府压力，更多的可能是像马云一样，来自社会的压力。——在商言商，本身即是一种政治态度。除了犬儒，"不敢言政"，另一种可能的意思是，其对现在从政者抱基本肯定态度，认为自己没有必要过多介入，而对流行的言论界说法并不认同。

有些"自由派"理所当然的认为，作为商业引领人物的中国企业家一定会认同其等理念，否则即是政治不正确。抱着这样观点，对一些问题的理解往往会过于简单。他们忽略了企业家改变社会的最重要的方式，恰恰不在于参与政治，而在企业——这个现代社会基本细胞之本身。

比如，王瑛在谈到自己为什么反对柳传志时，也如此解释，"我不反对企业家做柳传志这样的人，可是我反对柳传志已经有了这样地位和影响力的时候，他还要说现在这样的话。通过直接参与政治来推动社会进步，这当然不是企业家责任范围之内的事。你可以不发声，明哲保身，这已是底线，不能再超越这个边界"。

不过，当柳传志承认企业家阶层是软弱之时，他说的更接近于事实。

企业家的政治光影

30多年来的中国市场经济发展，是由政府推动进行的。在中国政府由全能型向服务型转型过程中，由权力推动的市场化，天然决定了企业家不可能离开权力独立经营，能进行合理的边界划分者，已属有智慧者。柳传志这方面的智慧，是广受承认的。分寸拿捏不当，而翻船者，亦是屡见不鲜。

在与官员和政府关系中，中国的企业家主要可分为两类。一种是财富积累完全是寄生式的依靠官员，比如刘志军案中的商人丁书苗，完全依靠作为权力的中介收取中间利润。还有一些虽然有自己主业，但完全靠与某些官员的特殊关系才能获得商业机会者。从每一次高官被抓背后，必然有一群企业家同时被逮捕，可以看出其涉及范围之广。

一位高层官员就曾对《南风窗》记者感慨，在现在的中国，要挣钱，最好还是依托政府关系。而另一位较低级别的政府官员，在与记者交流时，则对"老板"表示出警惕，他发现，自己身边的不少朋友和同事，完全是被这些老板控制了，很多时候，对方想干什么，只要说一声就行。

对上面这类商人而言，"在商言商"，不与政府官员勾兑，有的是完全不可能，有的则必须经过痛苦的转型。

另一种主要依靠市场而生的企业家，包括像马云这样的新兴科技企业，也包括一些日用品、电子产品等完全市场化的行业。这些企业家的成功很大程度上凭借的是自己的"企业家才能"。作为社会发展30多年的最大受益群体之一，他们有希望社会更开放，获取更大参与社会治理的愿望，也有很强的政治上的保守性。

对这种看似矛盾的现象的一个合理解释是，市场化发展起来的企业家们，有的开始具备改写行业、产业等游戏规则的时候（正如马云在《人民日报》上写文章，称金融行业需要搅局者），他们更需要谨慎把握和政治的微妙关系。不仅在面对"民粹主义"时，他们需要一个稳定的政治环境，借以缓冲，在参与全球竞争过程中，政府的许多支持更是非常现实的。想"搅局"，就要碰到政治的边界，不讲政治，实际上不可能。

而尹明善、梁稳根等获得中共认同的企业家，都曾公开表示，愿意将企业"献给"政府。无法了解这是一种特定情形下的政治表态，或是内心真实想法的流露。但至少显示了他们对于自己与政府边界的模糊，或者是刻意模糊。

对中国的企业家进行分类，让他们各自在自己的基础上发展好，可能是更现实的选择。与政府关系紧密的，有违法性质的进行查处；灰色地带者则逐步退出此类关系；市场类的企业家，则在有余力的情况下，更关注政治和社会的进步，但每个人都可以有自己的不同政治见解，并非必须遵守某种特定模式政治理念的关注才叫"进步"。

中国企业家30年从政路

上世纪80年代初期，刚由计划经济放开市场时，从事私营工商业者曾经常面临"投机倒把罪"的指控。一些企业家回忆早年"到处是生意"的辉煌岁月时，都会同时记得当时对时局不定的担忧，总觉得随时可能被

"割资本主义尾巴"。

直到90年代初邓小平南巡讲话后,1992年中共中央将建立市场体制作为经济发展的基本制度,"从商"挣钱乃是光明正大之事的社会意识才普遍起来。

约10年后的本世纪初,中共提出"三个代表"的执政思想,企业家成为"先进生产力的代表"。2001年,重庆、浙江和贵州进行企业家担任省级工商联会长试点,尹明善、徐冠巨和张芝庭相继当选为重庆、浙江和贵州三地工商联会长。这是中国省级工商联自成立以来,首次由改革开放后诞生的私营企业家担纲工商联"掌门人"。参照党政系统,这个职务属省级干部序列。2002年尹明善成为中国首位担任省政协副主席的中国企业家,紧随之后,2003年1月,徐冠巨获选浙江省政协副主席。2002年秋,中共十六大时,"企业家党代表"更成为当时最有热度的新闻。

这是此轮企业家在体制中获得的政治生涯巅峰。短短20年内的同一代人,由半合法的可疑边缘人群,成为被体制认可、分享一定治理权的社会进步群体。

然而,2003年后,在以"科学发展观"为执政理念的十年中,这种对资本和其代表人物企业家的政治认同和吸收政策发生了逆转。从2007年政协换届起,各地中国企业家兼任政协副主席的现象开始减少。对底层的关注成为中央政府更重要的政治议题。在更注重公平的政策倾向下,大幅加大社会福利投入,同时在经济领域,大型国企急速扩张,民营企业家面临从经济到政治的整体性发展瓶颈。

在体制内政治身份不确定的情况下,全社会对财富的追逐虽然热情不减,但财富观念也开始发生了重大变化。随着社会贫富分化的加剧,社会上对民营企业家财富来源合法性的追问也变得普遍,使得企业家在中国当前的形势下,心理不确定性再度急速上升,不少移民海外者,而一些活动仍在国内的,也纷纷办理海外绿卡以备可能出现的麻烦。

新的领导人集体上台后，一直发出更多向市场化方向改革的信号，企业家对此报有不小期望，但同时，新的执政理念成型仍需要时间和实践。不喜欢谈政治，但对政治风向却异常敏感的中国式企业家们，其内心的不确定感、躁动等等，是可以想象的。讨论商业和政治的关系，背后就是讨论在新政治周期下的生存和发展之道。这无异于常人，只不过他们属于更敏感的一类而已。

站在这一历史背景下去理解此轮企业家"谈不谈政治"的讨论，可能会有更丰富的认知。

6. 吹哨子示警的人

■ 南方朔

前两年，哈佛大学的政治哲学和伦理学教授汤普逊（Dennis F.Thompson）出了一本论文集《恢复责任感》，其中有一篇论文《恢复不信任的价值》。

在这篇论文里，他指出近代美国，从政府、教会到公司，由于他们都拥有庞大的体制和强大的命令纪律系统，因此官官相护、文过饰非、集体为恶等现象层出不穷。因此，他主张体制应鼓励保障"吹哨子示警的人"（whistle-blower），意思是对团体做坏事时的检举人，应该做有效的公平监督；而最重要的乃是要恢复人们对体制拒绝信任的价值。

他在论文中，特别重申18世纪苏格兰启蒙哲学家休谟（David Hume）的那句名言："任何人在被证明值得信任前，都是不值得信任的。"只有对各种权威保持合理的怀疑及合理的不服从，体制的权威才会去做值得信任的事。

一个只有命令–服从关系的层级体系，它的发展最后一定会出现一连串结果。

在这个体系内，由于合作、服从乃是升官的先决条件，因此久而久之，乖乖听话就会成为这个体系的基本文化，对命令不是那么服从的人不但升官无望，甚至还有可能成为被打击的对象。前几年美国政府、教会及公司重大的议案不断，的确出了好几个"吹哨子示警的人"，那几个人都是升官已到了头，将来不可能有大前途的女性小主管；至于男性的主管，个个都等着升官发财，他们的效忠、服从度最高。明明组织做了错事和坏事，他们一定不会吭声、甚至会叫别人闭嘴。机构组织的这种特性，已使人了解到任何组织都有腐化、滥权之内在动能，因此需监督。

但监督本身也是个难题，如果体制的文化不佳，监督者和被监督者很容易官官相护，反而相互勾结，利益共串，失去了监督的本意。也有可能，监督者和被监督者缺乏了共识而相互斗争，治丝益棼；而且还可能出现用甲监督乙，但是谁来监督甲这种难题，东厂监督官吏，西厂再来监督东厂，最后造成"体制的手太多"之乱象；因此，合理的监督，监督者不能太外行，监督的独立公正，以及保证适当的检举，遂成了必须设计的课题。

而所有的监督里，最有效的则是"恢复不信任的价值"而让公民媒体参与监督。权力之所以会腐化滥权，通常都是因为对权威过度依赖，不会也不敢质疑，于是权威在缺乏抵抗力之下，当然就日益腐化、滥权。只有对权威拒绝依赖，他们才会做出使别人依赖的事。

"权威""合理""服从""自由"等基本的范畴乃是个发展的过程。以前在神权和君权的时代，人们都在强调权威的重要，有权威才会有秩序，有秩序肯服从，社会才可能凝聚，不会成为一盘散沙。

我们不能否认这种说法有局部的正确性，但"有权威就有压迫"，古代社会有太多贪污腐化，滥权压迫，这种对权威的服从严重扭曲了人间的公共正义。整个人类的演化史，就是要从权威欺人压人，人们被迫服从、盲从这种传统中得到解放。

而现在就到了"典范转移"的时代，现在已没有任何国家还能任意地欺人压人。由于传播技术的改变，权威和人民在权利关系上已开始对等，人民已开始不害怕权威，拒绝服从已成了新的时代价值。

在这个"典范转移"的时代，人们已需要在对权威拒绝依赖上做出更多努力，改变恐惧下的盲从，使它成为合理的服从。当有权力的人与体制不再乱搞恶搞，他们若能重建权威的合理性，人民也才愿意去合理地服从。这也意味着公民已须对权威做出监督，组织团体已须更加透明、接受监督，只有透过不信任，才可能重建人民的信任关系。

我最近重读汤普逊教授《恢复不信任的价值》格外有感，除非他们在人们不信任中拼尽力气去做出值得人们信任的事，否则新的信任关系是很难形成的！

7. 政府为谁服务

■ 李北方　南风窗主笔

面对政府工作中的不足之处，人们通常会毫不犹豫地提出批评，并要求政府改进工作，这无疑是主流的媒体话语方式和常态性的社会舆论氛围。那么，为什么人们对政府提出要求（政府是否响应是另一回事）可以如此理直气壮呢？有人也许会嘲笑这个问题的幼稚了，他们会说：道理是明摆着的，是纳税人的钱养活了政府，所以要求政府提供优质的公共服务是理所当然的。

关于政府与个人之间的关系，当代占主导地位的西方政治理论提供了两种理解方式。首先，它以个人主义为哲学根基，将个人的自由与权利视为天赋的、不容侵犯的，是政治活动的正当性的最终依归。个人为了消除彼此之间的敌对状态，维持安全和秩序，自愿地让渡出一部分权利，组成国家，履行这一职能。在这里，形成的是国家与作为公民的个人之间的对应。国家保障公民的安全和基本权利，国家的合法性则源于公民的认可，在民主体制下，这一认可通过公民手中的选票进行表达。

与此相近似的另外一套逻辑是，在资本主义市场经济条件下，私有财产神圣不可侵犯，作为私有财产拥有者的个人和公司是经济活动的主体，也是政府收入（税收）的来源。在这里，形成的是政府和作为纳税人的个人与公司之间的对应关系。纳税是纳税人享受政府公共服务的代价，而付出了代价的纳税人则有权利要求优质的服务。纳税人逻辑具有强烈的消费主义色彩，这一视野中纳税人与政府的关系只不过是一种关于公共服务的买卖关系。其必然的逻辑延伸便是，纳税越多，意味着对政府提出要求的权利就越大，正如出钱越多的顾客对商家的要求就可以提得越多。

在西方的民主体制、宪政框架确立的初期，这两种逻辑的重合度较高。逐步掌握了经济权力的资产阶级自然要求分得更多的政治权力，要求在国家中体现与纳税额度相匹配的权力份额，这一目标通过革命等方式一步步得以实现。对公民身份的界定也与财产拥有量直接相关，财产在一定数量之上是获得投票权的必要条件。

在此后几百年的历史中，情况有所变化，尤其是在资本主义逐步吸收了社会主义的因素之后，两种逻辑呈现出了分离的态势。随着普选权的落实，公民成了一个侧重于强调个人对群体的义务的概念，例如，当肯尼迪对美国人呼吁"不要问国家为你做了什么，而要问你为国家做了什么"的时候，他是对美国"公民"说话，而不是对"纳税人"说话。纳税人的概念虽仍侧重于对权利的主张，但税收同时也被普遍认可为是财富再分配的正当手段。

在过去的几十年间，这些理念在中国找到了落地生根的土壤，但仔细观察不难发现，当下盛行的是这些理念在资本主义早期的形态。以纳税人逻辑来说，虽然理论上人人都是纳税人，但纳税的额度却有天壤之别，在政府（尤其是地方政府）的视野里，能带来更多税收贡献的"税收大户"比普通劳动者重要得多，是政策倾斜的当然方向。曾有地方官员坦诚地表示，政府的职能就是给投资者当"帮办"；而所谓"良好的投资环境"不过意味着牺牲环境、劳动者的利益满足资本的增值需求。无论富人还是穷人，理论上都是"中国公民"，但在基本权利的实现上却是有极大差异的。中国还吸收了大量的外资，于是出现了外资的"超国民待遇"问题。

近来改革话题炙手可热，中国的一些人的政改主张因为这样那样的原因，不便直接表达，但还是不难看出他们的真实诉求，即依据简单粗暴的纳税人逻辑对国家进行"股份制改造"，按照财富占有量重新分配政治权力，将过去数十年的大面积实践制度化。这个路线图，不过是要把中国的政府改造成"管理整个资本阶层的共同事务的委员会"罢了。

事实上，除了这种从财富占有的角度，还可以从财富创造的角度看待政府职能。是谁创造了历史，是少数精英分子还是广大人民群众？是谁在改革开放过程中创造了中国的财富，是少数企业老板还是广大劳动群众？穷人之所以穷，是因为在财富创造过程中的作用小，还是因为分配体制的不合理？对这些问题的不同回答，导向对不同的国家形态的确认，关系到不同的国家道路。

执政党正在进行新一轮的整风，主题是"群众路线教育实践"，这表明在意识形态上仍然坚持社会主义价值观，从财富创造的角度看待政府的责任。于是，"庙堂"与"江湖"之间就不同政治理念与道路选择展开的辩论就呈现在我们面前，它关系深远，应该引起我们每个人的重视和思考。

回到开头的问题，具体到政府职责上，这个辩论的中心议题可以归纳为，政府到底应该"为纳税人服务"，还是"为人民服务"？

8. 特权阶层的赎买梦

■ 邢少文　前南风窗编辑

经济学家似乎对"赎买论"比较钟情，在讨论改革路径和手段的过程中，总有人不断地提出。在"改革共识破裂"，需要"重新凝聚"的当下，又再次有人提出要对特权腐败和国企改革进行赎买和赦免。

所谓赎买，是指为了获取既得利益者对进一步改革的支持，减少他们对新体制转变的阻碍，对他们既已形成的特权进行经济上的补偿，让他们放弃进一步行使其特权的"权力"，退出历史的舞台。

赎买政策上世纪50年代曾被用于资本主义工商业的社会主义改造，即民营资本的"充公"，称为"和平赎买"——允许资本家领高薪，获固定股息，但将其资产国有化。

后来，在80年代的改革中，也有人提出赎买论，再至90年代末21世纪初的大规模国企改制中，也有人提出。实际上，在这两个过程中，赎买论不仅是一种理论，在小范围内也进行了实施。

在经济学家所呼吁的"现实理性"中，改革不是革命，但改革总会导致一部分人的利益受损，而为了实现社会总福利的增加，可以从改革后获得的社会总福利中拿出一部分来补偿利益受损者。如果不是这样的话，改革就很难推进，腐败和特权就会继续存在，并导致更多的人继续利益受损。

但赎买论不管如何解释,都面临着一个致命的问题:由谁来赎买,赎买的价格谁来定?为了不至于使这种论调成为一种幼稚的书生意气,就有必要解决这个疑问。

然而让人尴尬的是,在现实的改良经验中,赎买政策并没有能够带来一个理想中的新体制,被赎买者也并没有退出历史的舞台,而是在下一个改革的路口,成为新的既得利益者,继续阻碍改革。

有一年,我采访一个曾提出赎买论的经济学家,曾问过他是否还在坚持"为了推进改革,应该给官员补偿"的观点,他的回答是:要防止补偿没完没了,官员不断聚集权力,用反改革的办法搞到钱了,再让你赎买,这就不正当了。这不是改革,而是倒退,是反改革。反改革你给他补偿什么?!

事实正是如此,如果由既得利益者来主导赎买政策的实施,由他们来定价,赎买后想达到的改革目标就根本无法实现,反而成为他们要价的筹码,最后补偿和赦免就会没完没了。

在国企改革中,曾提出赎买政策,但主导者和定价者是一小部分特权者,它并没有对所有的国企职工进行赎买,而只是针对一小部分的国企高管进行了赎买,他们领到了高薪和补偿,进而同意国有资产的贱卖,官员和高管从中自肥,造成了公平的极大丧失。

可以说,赎买政策本身是没有公平性的,对于特权和腐败群体来说,其所得并非应得,本不该补偿,由受损的人来补偿受益的人,对社会公平和公正的伦理基础本是减分,而不是加分。如果要以某种妥协来换取一个更加公平的社会,它就不可能不涉及到制度的重大转变。

而如果从历史"成功经验"来看,50年代中国的"和平赎买"政策,以及有人曾提到的日本明治维新时期"改革派"对大名、公卿和武士等特权阶级的赎买例证,恰恰提供的是赎买政策谁主导、谁定价的另一种答案:那其实是在完成了流血革命(有规模大小之分)之后,由胜利者来实施的赎买。而且，这种赎买的推进本身并不和平，而是伴随着暴力，它实际上是一种强制性的"妥协"。

改革需要获得民众的支持和理性，但一个不可绕开的问题是，改革方案由谁设计？权利是否在民众手中？

9. 仁慈的精英

■ 贝淡宁（Daniel A. Bell）（清华大学理论学和政治哲学教授、比较政治学哲学研究中心主任） 李晨阳

20多年前，新加坡政治领袖提出了"亚洲价值"的思想，称自由民主原则和实践不适合该地区，这掀起了一场关于人权是否具有普世性的重要争论。但这些讨论大多忽视了新加坡领袖提出的另一个创新性思想：他们认为，现代政治制度应该由精英控制。

精英政治——领袖应该以德和才为标准选出——是中国和西方政治理论和实践的核心。政治思想家——从孔子和柏拉图到詹姆斯·麦迪逊和约翰·密尔——都致力于指出遴选最有能力在各种问题上做出合乎道德的明智判断的领袖的策略。

但这类争论在20世纪就基本停止了，部分是因为它们挑战了民主的普世性。民主要求只有人民才能选择他们的领袖；应该由选民来判断候选人是否合适。既然民主制度赋予专家们（例如行政和司法职位上的那些）以权力，它就必须对民主选出的领袖负间接的责任。

但是，在新加坡，精英政治仍然是核心问题，该国领袖仍然宣扬，将以选择最有资格充当领袖的候选人为目标的选择机制加以制度化，尽管这样做意味着限制民主程序。为了赢得支持，他们通常必须诉诸儒家传统。

总理李显龙解释说，在儒家众多的政治理想中，有一个仍适用于新加坡，那就是政府应该由"君子"治理，治国者有责任为人民做好事，并获得人民的信任和尊重。

1965年获得独立后，新加坡领导人通过主导令人瞩目的经济增长从而获得人民的信任和尊重。但在过去几年中，新加坡公众对政治领袖的信任迅速降低，迫使政府采取了更加取悦于民的立场。

新加坡领导人仍认为精英官员应该高瞻远瞩，而不是纠结于选举周期，但他们也承认增进平等、扩大政治参与的必要性。在这方面，他们放松了对政治言论的管制，也不再对反对者实施严厉报复。

此外，为了减少收入不平等、增强社会流动性，新加坡政府增加了在社会经济上处于劣势者和中产阶级的福利，包括投资教育、降低医疗成本。这一新方针被称为"仁慈的精英治国"（compassionate meritocracy）。

新加坡的精英治国论在国外鲜有支持，这主要是因为它不代表普世理想。相反，新加坡领导人总是强调，对于这个人口少、资源基础薄、潜在敌人环伺的微型城市之国来说，确保能力最强者发号施令的必要性尤为紧迫。

尽管如此，他们的行为体现了一种信念——新加坡的精英政治模式应该影响其他国家，特别是有儒家传统的国家。从这个角度讲，新加坡与中国的密切关系极有利于精英政治的传播。

20世纪90年代以来，数千中国官员前往新加坡学习经验。尽管新加坡的政治制度无法照搬到中国这样的大国，但它构成了一种模式，有助于促进中国当前的政治精英化运动。事实上，中国已发展出一套复杂而全面的政治领袖遴选和晋升制度，包括几十年的历练和官员生涯各阶段的一系列考试。

这些按精英要求选出的领袖领导了一场经济上的繁荣，让数亿人走出了贫困。但与此同时，腐败、不平等、环境破坏等问题也出现了恶化趋势。

为了扭转这一趋势，中国需实施以监督权力滥用为目标的民主改革。中国还需要进一步发展精英政治制度：政府官员应该以德和才为标准遴选和晋升，而不是根据政治忠诚度、财富或家庭背景。官员不应该仅仅因为在GDP增长方面的贡献得到奖励，还应该考虑在减少社会和经济不平等和促进政府关怀方面的成绩。在这方面，新加坡的仁慈精英治国制可以提供有用的借鉴。

全球实力平衡正在快速变化，我们无法再用西方自由民主标准去判断中国的情况。作为中国政治传统核心的精英政治之成效如何，几乎肯定将成为评估中国发展的参照点之一。

20世纪90年代初，无人预测到中国经济能在20年内成为世界第二。或许又一个20年后，人们会探讨中国式精英政治如何成为西方式民主的替代性道路——甚至挑战性道路。

10. 被财产压垮的官员

■ 叶竹盛　南风窗高级记者

近来在微博的助力下，舆论对于官员财产公开的倒逼之势越来越强烈。自"表哥"杨达才被曝有多款名表而被查落马之后，又有福建省交通厅厅长李德金和兰州市市长袁占亭等官员被曝在公开场合佩戴多款名表。从逻辑上说，被质疑的官员除了主动公开财产之外，没有其他更好的自证清白的办法，这无疑也成了一种推动力。

2012年11月份，中纪委组织的反腐工作专家座谈会上，官员财产公开成了与会学者热议的话题。一个月后，广东省纪委宣布在珠海市横琴新区、广州市南沙区、韶关市始兴县三个地方试行官员财产公开制度。根据《广东省从严治党5年行动计划》，3个地区的试点将在2014年前完成，并在试点基础上逐步向全省推开。这是首次由省委层面主导部署的试点计划，并且有详细的推广时间表。

官员财产公开制度如箭在弦上，势如待发。但与此同时，出于各种现实考量，这次"再出发"是否又将如此前的多次试验一样，无疾而终呢？能否为这一制度的破冰发展乃至落地扎根找到一条既能突破阻力，又能发挥实效的现实路径呢？

庞大的"腐败存量"

30多年的改革经验表明,中国的改革历程总是在阻力与压力两种力量的较量中艰难前行。就官员财产公开制度而言,毫无疑问,来自民众质疑的压力已经逼近临界点,除不断曝出的"表哥"、"表叔"之外,媒体上也经常曝光资产惊人的官场"房哥"、"房叔",最近甚至曝出郑州90后"房妹"坐拥11套房。现在的问题是理清阻力来源。

最大的现实问题是庞大的"腐败呆账"。虽然不能否认一些官员通过正当途径合法致富,但诸多官员表面清廉,落马后被查出巨额财产来源的案例显示,中国的确存在庞大的"腐败存量"。部分学者呼吁实行"有条件的部分赦免"制度,即规定官员在申报时如果将收受的贿赂匿名清退了,案发后退赃部分可以赦免。实际上各地纪委早已设立了"廉政账户",接受官员的匿名退赃,已为潜在的问题官员在公开财产前提供了制度出路。"腐败呆账"问题如何解决,直接关系官员财产公开的阻力大小。

影响改革的另一个原因来自社会的固有观念。一方面是官员的抵触心理,认为公开财产意味着个人隐私权受损,例如有人大代表曾提出,财产公开后可能引来小偷。这种观念显得有些滑稽。全国人大代表叶青表示,"与一般公民不同,官员在隐私方面理应享有相对更少的权利"。

原长沙市天心区规划局局长张力是近年来"舆论"倒逼之下主动向公众公开财产的第一人。像张力一样曾受过质疑的官员,最关心的并不是个人隐私,他在公布个人财产后曾向媒体表示,"对于这件事,给个人带来的影响微乎其微,但就怕会影响到规划部门的形象"。

他所说的"部门形象"实际上涉及民众对官员及政府部门的看法问题。张力主动公布财产后,有赞也有弹。例如有评论员发文写道,"我们凭常识就可以判断,这位官员加起来高达数百万的家产,根本不是一个官员凭借正常工资收入能够达到的"。这代表了普通民众对官员的看法。一位在发达地区工作的科级干部告诉《南风窗》记者,他的同事中,家里有多套房子的比比皆是,"主流宣传的官员形象和实际相差太大,我们树立的官员形象都是甘于清贫,且实际收入并不高",然而,在他所任职的地区,早在10年前,就有公务员领取上万元月薪,"年终奖都是一大信封"。当时房产价值并不高,一些有投资头脑的官员,坐拥多套房子并不稀奇。

合法财产与民众预想

这位科级干部分析说,"公务员工作和收入很稳定,又没有医疗和社保的顾虑,因此敢于投入,借房产、股票增值的形势迅速致富的也不在少数",但是"很多东西不能说"。张力对媒体公开的内容除了具体项目外,也介绍过购买房产的经历,"1993年,1.8万元一次性买下73平方的房改房;1999年,以8.76万一次性买下73平方的单位房;2002年,将99年买下的单位房以14.5万元卖出,在长沙唯一星城以2800每平方的价格购买一套148.7平方房子,首付12万,贷款29万元;2003年,在八方小区以1420每平方的价格一次性买下188.9平方的住房,并于2008年转到家属名下;2004年10月,在长沙同升湖白竹水乡以2380每平方买下总价为59万元的248平方住房,贷款25万"。

一位在浙江工作的局级官员也向《南风窗》记者表达了民众观念与官员财产现状之间的巨大落差可能引发的问题,"即使是合法的财产,因为与预想的差距太大,也会被认为是腐败收入,全面公开的话大家未必接受得了"。如果能像张力一样,不仅公开现有财产,而且也详细公开财产购置的细节,或许足以消除前述评论员提出的质疑。

此外,中纪委官员曾在2011年的新闻发布会上提出,官员公布财产在技术上也有难题,主要是目前还缺少完善的社会诚信体系和信息统计体系。的确,一些官员拥有多张身份证、多个户籍乃至多本护照的事实早已不是公开的秘密,例如前述90后"房妹"就被查出拥有两个户口。基本的户籍身份信息都无法做到周密，遑论更为复杂的信用和统计体系。然而，近年来，规模与中国相近，但经济水平更为落后的印度和俄罗斯都相继推出了全国范围内的官员财产公开制度。

要公开，更要查处

《南风窗》记者询问了多位在职公务员是否愿意公开自己的财产，得到的答复多是"无所谓，查就查，没什么好怕的"。以往的几个试点地区在财产公开制度上的探索不可谓不全面，对公开范围、公开形式和公开对象都有诸多探索，并且试点内的官员大多主动公开了个人财产。然而，被认为是"反腐利器"的财产公开制度却在多个试点地区都"点了哑炮"，目前为止并没有任何官员在财产公开问题上被投诉或是处理的。这种"零投诉零异议"的结果显示试点实践并没有发挥实效。

财产向公众公开都无法发挥实效，就更不用说内部申报制度的有效性了。实际上中国早在1995年就实行一定级别官员内部申报财产制度。去年10月，网络曝出了广州市番禺城管分局政委蔡彬共有21套房产的消息，经官方调查属实。根据广州市纪委的调查结果，蔡彬在内部申报时只填写了两套房产。

财产公开制度的真正破冰应当是发挥一定实效，对官员形成一定的约束力。上述科级官员告诉《南风窗》记者："虽然让我公开财产没什么问题，但是这没什么用。"他所在单位试行科级以上官员内部申报制度已多年，但是"目前为止没有听过有谁被处理甚至警告的。"查阅已有试点地方的有关规定，官员违反规定不公开财产或是虚报的，处理结果一般仅限于内部批评教育或是处分，但即便是如此轻微的处罚措施也几乎没有适用过。

在世界范围内，转型时期的官员财产公开制度难免会引起一定冲击。1993年，韩国立法要求全国公务员申报财产，所有高级官员都要向社会公布财产，是次廉政风暴中，5000多名官员受到惩处。墨西哥2002年通过了《信息公开法》，生效仅一周，全国就有约一万名公务员因没有依法公示而被停薪停职。

只有在实际威慑之下，官员才可能主动并且全面公开财产。更重要的是，只有让公众看到这一制度的实际效果，公众才可能更有动力去监督官员财产公布的情况是否属实。这是财产公开制度能否成功破冰的关键。2010年，中央发布《关于领导干部报告个人有关事项的规定》，第17条规定，在情节严重的情况下，对官员进行"调整工作岗位和免职"等处理。此次广东省委主导的财产公开试点也"下了重手"，规定"对个人应报告的重要事项隐瞒不报告或作虚假报告的，一经发现、查实，一律先停职再作调查。"

被赋予了极高期望的官员财产公开制度本应作为反腐破冰的利器，但这一制度本身的建立也存在破冰难题。要找出财产公开制度破冰的现实路径，既要认清现实阻力，更要充分认识来自民众的压力。前述浙江局级官员告诉《南风窗》记者，不能因为存在现实难题就不公开财产，反而更应该"加快推，让民众了解官员真实的情况，形成有利于官员的环境"。

11. 富人无祖国

■ 南方朔

以前的世界虽然不好,但一切以国家为单位,每个人至少权利义务清楚,所谓"爱国"、"共赴国难"、"共体时艰"这种价值观大家也信之不疑。1944年第二次大战尾声,美国将个人所得税的最高级距调到94%,有钱人还是照缴不误。

但现在这种国民纳税的义务观已经到了崩溃的时候。现在是个全球化的时代,资本的流动快,夹带了大量金钱的富豪也流动快,富人已成了新的游牧民族,他们在全世界寻找避税天堂,而世界上也的确有一些小国家或小地方在做着税务天堂的竞赛。于是许多聪明的大公司遂到开曼群岛等地注册登记,规避营业税;许多富人则入籍避税天堂,少缴所得税。当少交税已成了一个市场,于是尽量不交税这种事没理也被说成了好像有理。避税、漏税、逃税的富人可以用政府无能、劫富济贪、税制不公、影响投资意愿等千百种理由来合理化自己的行为。由于存在就合理,国家的集税权遂变得好像不合理起来。国家集税权的崩坏已成了当今世界经济混乱的源头。

近来国家的集税权日益废弛,国家为了安抚富人,只能一直调低税率,国家收入少了,就只好一直发债。把它当成了税。但这种把债当成税的手段可以熬一年、十年，却不能熬永远。当国债到了撑不下去的时候，最后还是需回头来增税，但人们早已习惯于低税，这时再要增税，该交税的人当然就会把增税看成是洪水猛兽。于是就出现税务的逃亡潮。

现在在法国上演的就是一出加税的闹剧。法国的新总统奥朗德只不过要将富人的最高级距所得税率调高为 75%，于是法国首富 LV 的老板伯纳德·阿尔诺、"大鼻子情圣"杰拉尔·德帕迪约演员以及欧商超市、达蒂电器连锁店、家乐福老板等全宁愿不当法国人，而入籍比利时。比利时的一般税务极重，但富人的税负极轻，乃是个典型的富人天堂。法国富人每年的避逃漏税估计高达 600 亿欧元之多。

法国因富人税而闹得沸沸扬扬，有些国家则看法国人笑话，像英国、俄罗斯以及美国就有很多人说风凉话。他们宣称欢迎有钱的法国人去他们的国家。但这种看热闹的态度马上在美国就出现了现世报。

因为美国的富人一向低税，这使得长期的财政入不敷出，这也是美国长期以来都把债当成了税来花。到目前为止，美国的国债已经超过了 16 兆美元，美国的债务已难以为继，最近为了财政悬崖问题，就把增税减支列入，美国富人增税并不多，但现在的美国富人已蠢蠢欲动，也想像法国人一样入籍到别国少交税。近年来美国富人放弃美国籍而入籍别国的并不乏人，像脸书创始人扎克伯格就放弃美国籍，要当新加坡人；香港的武侠电影明星甄子丹也宣布放弃美国籍，相信放弃美国籍的富人不会太少。

因此，任何国家的政治人物和知识分子，看着法国与美国一旦要加税，就出现富人的出走逃亡潮，实在不宜有幸灾乐祸或看别国出洋相的心态。

现在已是个富人无祖国的时代，每个国家都在集税权上弃守，而不得不将发债作为政府解决入不敷出的手段，但这种手段总有必须停止的一天，到了必须增税的时候，每个国家都必须面对富人逃亡的苦果。因此人们要思考的是，这种情况是如何达成的？富人为什么可以无祖国？富人无祖国是否违反了世界的正义？近代经济学家是创造了一个多么不正义的世界？

近代国家在集税权上逐渐弃守乃是一切问题的根源。这个问题又是怎么产生的?

当代已自私贪婪当道,权利义务关系已完全乱了套,有本事的富人可以享尽权利,义务则能闪则闪。世界越来越不公平。看着法、美等富裕国家出现逃亡潮,我们是应为这些富人喜,或是为这些国家悲呢?

12. 网民们的政治理想与幻觉

■ 石勇

德国思想家、法兰克福学派第二代"掌门人"尤尔根.哈贝马斯对于"公共领域"曾经有一个经典的论述:"有些时候,公共领域说到底是公众舆论领域,它和公共权力机关……相抗衡"。

在中国的语境中,哈贝马斯更像是在说微博——不仅"打假斗士"方舟子和作家韩寒,以及他们的无数粉丝可以拿这个虚拟空间作为战场,更重要的是,很多人正是借助它,迂回地追求他们"民主"、"自由"的宏图大业。

替代性政治参与

如果说微博已经建构了一个几乎是完善的"公共领域",不会有人怀疑。

在这个公共领域里,政府各部门、研究机构、公益组织、官员、媒体、学者、意见领袖、明星、商人、草根名人、中产、小资等形形色色的机构和各路人等厕身其间,并能够快速而直接地进行信息传播、回应或辩论。

在互动中,一个人足够的粉丝数量或意见被关注的数量,都能被转化为政治影响力。于是,逻辑上,这一虚拟的公共领域终于可以影响现实政治。这就是中国的"微博政治学"。

这一切是如何发生的？

微博一开始更像是中产、小资们的时尚乐园，以及明星、商人积累名气资本的虚拟空间，而非一个政治学意义上的公共领域。其作为公共领域功能的"获得"，仰赖其媒介形态的完善和中国既有的"政治排斥"格局所赐。

除非公然宣称政府的权力来源和人民没什么关系，否则，一个自称或被称为"民主"的政府，其存在或多或少都有一个"公共领域"像幽灵一样如影随行。这样的政府，其政治结构是开放的，它的合法性正在于人民对政治的参与，而参与本身要求有一个公共权力和民意相结合的场域。

近代以来的民主政治，公民对政治的参与被制度化地交给了定期的政治选举，几年一次。但几年时间太长了，而政府的权力随时都和公民发生关系，威胁公民权益。因此，公民在日常生活中，也需要参与讨论和决定一些公共事务。这是公民政治参与的第二种途径。

还有"第三道路"，那就是更远离实际政治参与的公共领域的讨论，在这里检视政府政策，揭发丑闻，汇聚民意。在现代，它更多地由媒体所建构。

一个可以让公民通过以上三种途径进行政治参与的国家，大抵是可以约束公共权力的自利性行使的。但在中国，公民的政治参与还处处受限。

在制度上，确实有"人大代表"、"政协委员"们代表人民进行政治参与，进行政治选举，但只要看一下全国"两会"上每年都发生的雷人提案，以及在地方两会上，居然有人大代表说出"政府不能溺爱百姓，否则会造就刁民"这样"替政府作想"的话，就知道人民是如何地"被代表"。至于日常生活中的政治参与，如果没有障碍，就不会有上访的人群和请黑社会"截访"的事情发生了。

而既然第一条和第二条政治参与的途径都难走,事情也就几乎砸到了传统媒体和新媒体所建构的"公共领域"上,特别是微博,自它的政治参与功能被召唤出来的第一天起,从讨论公共政策,到揭露腐败,到维权,就无所不包,而且极具冲击力。郭美美事件,就堪称典范。

微博政治图式

暂且不论微博式的"政治参与"究竟有多大的代表性和现实性,这个"公共参与游戏"运行机制本身就值得研究中国政治的学界给予足够的关注,因为这几乎是迄今为止,中国社会最开放和最原生态的"公共空间"。

先假定一个极端的问题:如果一夜之间微博被关闭,或者权力并不理睬微博,结果会如何?

答案是,绝无可能有这样的事情发生。公共权力即使可以假装公民权利的不存在,也无法假装"民意"或民众不存在。

原因很简单,在现代自称或被称为"民主"的政府治理中,游戏规则决定了政府一定要重视或假装重视"民意"。它构成了治理的合法性来源,尤其是在权力授予的民主程序有缺陷的情况下,那就更是如此。而在微博上,庞大人口以虚拟身份聚集并以公共权力为预设对象发表意见,也就意味着"民意"的汇聚。

另外,民众在微博上的聚集和发言本身,同时也显示着他们的动向。关闭微博或不理睬微博上在说什么,确实可以使政治结构进一步封闭,但民众在想什么,他们想干嘛,也从权力视野里消失了。不可见、不可捉摸,却又有庞大数量的群体,其难以控制的"破坏可能性",总会给既有权力秩序造成焦虑。而注视他们,回应他们,正是治疗焦虑的药方。

所以权力一定会对微博保持敏感,并做出让民众进行政治参与的姿态,比如"微博问政"比如启动现实中的权力运作,来回应微博上的意见。这才是微博之所以看起来能够呼风唤雨的秘密所在。

再来假定另外一个极端的问题：微博的政治参与，能够转化为现实中的民主政治运作吗？

答案仍然是否定的。虚拟公共领域中的政治参与，与实际的政治参与并不是一回事。微博所有涉及公共事务的意见表达，可以影响到公共政策，但毕竟无法变成实际的制度运作。几年前，一些人把"超级女声"的投票这一商业操作模式说成"民主训练"早已闹出笑话。夸大微博在"民主政治"上的功能可能只是我们愿意相信它如此，而并非它真的如此或可以如此。甚至，这种夸大，还会成为很多人习惯于在微博上发泄或表达，而不去行动的借口。

那么，唯一的问题是：微博的政治参与，能对现实政治改变多少？媒介的威力可以带来政治的裂变吗？

有这样一个逻辑图式：微博关注公共事件的影响力→权力对微博上的"民意"的回应→权力运作、政治结构上的开放→"民意"更加合法化→微博的影响力继续增强→权力运作、政治结构上更加开放……

这是一个良性的正反馈，理论上，给定的时间足够长，微博可以在"推动"中"健全"中国的"社会主义民主政治"，而且这种"推动"的过程，看起来好像也是一个玩"民主政治"游戏的过程，类似于西方人的玩法。但是，微博上的"大V"们，以及诸多不知对应现实中什么实体的马甲，仍然只是自我预设为"民主政治"的客体，更沉浸于"我们"骂"他们"。政治选举层面上的政治参与呢？这一环并不在"微博政治"的预设之内。

而只要缺乏"现实参与"的配合，微博的"政治参与"其实也不过是一场热热闹闹的游戏。权力是可以陪大家一起玩的。

缺失的主体性

微博政治只能影响权力运作，而不能改变现实政治结构。这是一个有点残酷的宿命。事实上，"公共领域"里的意见表达，如果真要引发政治的裂变，根本就不能单打独斗。

但当然，微博是中国社会现实的复制和投射，其"政治参与"游戏，隐喻着中国的阶层结构和未来政治的前景，在很大程度上，可以被视为未来更具广泛性和现实性政治参与的一个虚拟演练场。

按哈贝马斯对公共领域的研究，最开始的"公共领域"，是一帮欧洲贵族在沙龙里搞起来的。卢梭们那个时候经常出入这个夫人那个夫人的沙龙里，对政府指指点点。凭借上流社会的贵族、文人们的社会影响力，他们的意见，间接地影响到现实的政治走向。

但这样的"公共领域"，只是上流社会的人在玩，穷人与狗不得入内。其结果只是一部分人先"民主"了起来。对应于20世纪前欧洲"民主社会"的现实，就是根本没能做到普选。

中国今天的微博在理论上已经做到了让任何一个上网的人都可以参与有中国特色的"民主政治"游戏。但其技术和生活方式的壁垒，还是把很多底层的人排除掉了，他们不懂，也没时间和雅兴玩这个。享受一下微博提供的"政治参与"，没有他们的份。

而即便中产、小资们啸聚于网络，在这个同时也是名利场、秀场的公共领域里，仍然看不出有多少"政治参与"的主体性，只有极少数的人通过自己提供的刺激性信息才能得到稍微有点影响力的关注，大多数人以"粉丝"的身份，作为无名大众淹没在"大V"们的意见表达中，构成"大V"们的群众基础，对"大V"的发言叫好或谩骂。

所以，看起来，在一个个公共事件及"大V"们的意见表达背后，关注度和粉丝数量构成了一个个粗鄙意义上的"政治压力集团"。然而，这样的"压力集团"仍然局限在抽象的"民意"范畴，以批评公共权力为预设，以明星崇拜为润滑，并不捅破"大V们"和底层，甚至和他们的粉丝具有不同的阶层利益和政治诉求。

正因为如此，"大V"们的意见表达，轻易就可以建立一个社会影响力、商业影响力、政治影响力的逻辑通道，使社会资本、商业资本、政治资本相互转化。微博的"政治参与"游戏，在实现对权力一定程度的监督和批评之余，也成全了"大V"们谋取自身利益的先验渴望。

媒体可以影响但永远无法变成实际的政治，真正的政治参与，是公民变成权利主体，而不是盘踞在虚拟空间的外在的批评者。任何人冷静下来想一下，在中国，微博的"政治参与"、"大V"们的"代言"如此发达，是很不正常的，它意味着在现实中，公民权利以及阶层结构仍在恶化。无论就政府，还是公民而言，如果陶醉在"微博政治"这一时尚的幻觉中，忘记了从选举制度、日常生活中的政治参与上推进民主，将显得很不理性。

13. 大学的门朝哪边开?

■ 李北方　南风窗主笔

又到了开学的时节，又有无数的青年第一次走进大学校门，他们心里必定是怀着新奇、激动和希望的。回想我本人独自扛着一个小包袱，跋涉千里到学校报到，已是 17 年前。

看到一个报道，北大 2013 年招收的新生中，来自农村的学生比例为 14.2%。就是这个 14.2%，已经比上一年高 1.7 个百分点了。17 年前情况如何？我没有那时候的统计数据，但根据切身的经验，那时北大的农村大学生比例远比 14.2% 要高。

放在更长的时间坐标下，城乡大学生生源比例的变化问题就显得更加突出。2009 年，前总理温家宝说过一句话："过去我们上大学的时候，班里农村的孩子几乎占到 80%，甚至还要高，现在不同了，农村学生的比重下降了。这是我常想的一件事情。"

越是好的大学，这个问题越严重，在一些二本学校，农村学生比例还能达到 30% 以上甚至更多。这是因为好大学更"进步"，更加"跟国际接轨"，自主招生的力度更大，北大的说法是向"主动多样化选拔最适合北大培养的优秀学生的战略转型"。

自主招生构成了对农村学生的体制性歧视。学生的综合素质是由教育水平决定的，教育水平又由国家投入的不均和城乡间差距决定。单纯比高考分数固然有诸多的不足，可是高考的范围明确，除个人努力程度和禀赋之外，其他因素在影响考试结果方面的作用不大，所以传统的高考形式更适合大学选拔人才的本意。而所谓的招生改革，不过是另一种披着进步外衣的倒退而已。

农村孩子进了大学之后呢？他们将面临一个又一个的难题。社会背景的差距一直是有的，但快速的发展变化一边拉大着差距，一边为差距的凸显源源不断地提供着条件。比如我上大学的时候，手机和个人电脑还没有普及，大家都没有，但没过多少年，这些东西就成了大学生的必备物品了——这还不是个人消费的问题，教学方式的改进完全是按照每个学生都有笔记本电脑为前提假定的。逐年在上涨的学费，加上这些开销，对农村家庭构成何种的负担，可想而知。

问题是现实的，也是心理的。范美忠（范跑跑）在解释他为什么会有那种惊世骇俗的观点时，就提到他作为一个农村孩子在大学期间是如何在城里长大的同学们面前感到自卑，又是如何重塑自信的心路历程。范跑跑上大学是20多年前了，现在的农村大学生们在怎么想？这个问题值得重视。

接下来的问题是，农村孩子大学毕业之后怎么办？温总理那一代农村大学生毕业之后，不但不用发愁找工作，而且工作之后就有能力回馈家庭。现在呢，社会全面进入"拼爹时代"，找工作成了大问题，找到工作也要面临养活不了自己的问题。日常经验足以表明，刚刚工作的学生的收入，难以支持个人在城市里的体面生活，不少城市青年工作之后还要家庭提供经济支持，农村毕业生的艰辛可以想见。

这样下去，大学将沦为彻底的阶层再生产的工具，成为阶层固化的催化剂。也许有一天，我们可以将一句俗语做这样的改编，"大学的门朝南开，有才没钱莫进来"。

大学时代本该是青春飞扬的，是可以自由畅想未来的，可是残酷现实告诉农村大学生，你们的未来不是无限可能的，未来有多远，取决于父辈的肩膀有多厚实。

如果我们能辩证地看问题，也可以发现其中的积极因素：这样的现实这样的大学不但能教给年轻人自由的理念，也在同时剥去自由的伪装——它时时提醒这一代年轻人不要忘记自由的分配问题。

14. 知识青年"晋级"路

■ 张墨宁　南风窗高级记者

"招聘营业员，只要是国家统招、大专以上的毕业生都可以，对专业和性别没有要求。可以过来看一下。"一家物流企业的招聘者吆喝起来，却没有人走向他的摊位。

每到大学生毕业季，北京中关村人才市场几乎每天都在举办各类大学生专场招聘会，招聘单位大多是中小型企业，以医疗器械、保险、房地产、教育培训行业为主。本地的大学生是不屑于这里的，来的多是外地毕业生。

零散的求职者穿梭于对排摊位的过道中间，匆匆扫视展板上的信息，偶尔停下脚步多看几眼。招聘单位的工作人员捕捉到他们瞬间的兴趣，便会主动示好，邀请求职者坐下来了解。高国飞并不承领，只是轻描淡写地说了一句，"我随便看看"。转了一圈之后，他背包里的简历原封未动。

到北京去

1987年出生的高国飞即将从长沙农业大学毕业，一个月前决定来北京时，就已经准备好放弃自己的环境工程专业。从高考填志愿的那天起，他便认定读大学不过是为了一纸文凭。他的家庭条件不好，每个假期都会去找一份兼职。那时候，他就已经体验到了找工作的艰难。所以，现在他并不排斥做销售这样被同班同学看不上的工作。

不过，他还是有些挑剔，他要卖自己喜欢的东西。而这在低端的招聘会上，显得有点"曲高和寡"。他自觉有一定的艺术修养，大学期间做过海报和展板的设计，跟艺术相关的销售，是他能够接受的底线。在前一次的招聘会上，看到一个家具公司的时候，高国飞便把简历递了过去。在他看来，家具好歹跟艺术是沾边的。

高国飞的"挑剔"是有原因的，他还有一条后路。来北京之前，他已经跟湖南湘潭医院签了意向书，具体工作是处理医疗废水，算是跟专业对口，转正之后月薪4000多，在当地已属中上等。不过，在湘潭医院实习了一周后，他就感觉跟养老一样，完全在混日子。每天只要看着废水处理的仪器，如果出了故障就打电话。"但仪器是不会出问题的。"高国飞无奈笑笑，他实在不甘心一出校门就掉入那样没有激情的环境。

而湖南工程学院的李秋云就没有这么轻松，决定来北京时，她就没有想过再回去。参加过多场类似的招聘会，她感到很失望。想象中的北京人才市场应该是规模庞大、求职者众多，具备与这座城市一样"大气"的格调，而不是眼前这般场景。"应聘的时候会有人过来拉你，而不是等着你过去，感觉他们很缺人似的。"李秋云眼中，像推销一样招人有些掉价。

本科英语专业的李秋云想在北京找一个外企的工作。虽然这座城市能够给她的只是微薄收入和无法预知的生活，但却并不影响她对北京的欣赏，每次路过天桥，看到"北京精神"宣传语，总会让她感到振奋，那才是与她之前的憧憬相契合的印象。除此之外，李秋云留下来的决心来自于对下一代的规划，今年24岁的她觉得有义务为自己将来的孩子提供良好的成长和教育环境，这一切，只有北京才具备。

这两年，虽然偶尔也会有"逃离北上广"的声音出现，但整体趋势上，却依旧是奔向"北上广"，越来越多的外地大学生加入到分享北京就业机遇的战斗中。他们厌烦或者说没有办法在更为偏重人脉比拼的二三线城市生存。对很多人来说，高考是人生中的第一次选择，但却为分数、地域甚至父母偏好所左右，毕业后的北漂之路才是完全自主意识的驱动，然而，这也是他们被下沉于底层的开端。

在北京的就业市场上，本科学历是普遍的准入条件，这意味着无论学校、专业是否硬气，外来大学生们具备了初步参赛权。但门槛低的同时，能够接纳他们的往往只是低端工作，当本地的名校毕业生在出国、公务员、国企和外企之间做排序时，他们的权衡比较，不过是月薪 2000 和 2500 的差异。选择留下，艰辛便已开始。

活着

北京西北五环外的唐家岭阵阵尘土，废墟上的枯草在疾风中摆动。整个村庄已经化为一片瓦砾，以往直达的公交车也已改道。村口写着"唐家岭"的蓝色牌子像是昔日繁华的唯一见证。这里曾是 1.7 万大学毕业生低收入人群的聚居地，因为《蚁族》一书而闻名。便宜的房租使他们能够活在北京。"高智、弱小、聚居"，对外经贸大学副教授廉思把他们定义为"蚁族"。2010 年 3 月北京市启动唐家岭地区整体腾退改造工程，"蚁族"和借助他们生财的当地农民便四散而去了，仿佛根本就没有存在过。

"蚁族"们不得不继续寻找新的栖居地，位于昌平区的史各庄现在已慢慢成型。穿村而过的小河散发出刺鼻恶臭，岸边的枯枝上挂满了各种颜色的废弃塑料袋，这是陈奇每天的必经之地。来北京半年，换了几个工作，住宿也随着搬挪。不久前，他找到了一家证券公司的销售职位，遂在史各庄"定居"。

2009 年从重庆一所普通高校毕业的陈奇在四川达州工作了一年后，决定来北京考理财规划师。现在这处租房，他已经很满意了，通风、可以采光、有独立的卫生间，与其他两名室友平摊后，房租不过 300 多块。在史各庄，这样的房子算是上乘。

7个餐盒堆在墙角，过去一周的晚饭都是随便对付。工作快两个月了，陈奇还没有做成一单生意，只能拿2000元的基本工资。电话销售对这个性格内向、普通话不太标准的重庆男孩来说，是不太容易掌握的技能。他已经想着要离开北京了，有可能是明年、也有可能是几年以后。"不过，如果发展得好，说不定也就不回去了。"他随即又否定。

　　出生于1988年的袁方是陈奇的室友，2010年毕业于北京联合大学广告学专科。在一家广告公司短暂工作的经历至今让他很不愉快，自己的文案创意成为经理的构思来源，最终得以采用，但成果却没有他的份。这让他打定主意永不进私企，也没有再做过一份全职工作，家里的汇款和每星期一两百元的兼职促销收入是他目前的生活来源。"不工作就不能活了吗？"当记者问起自考本科通过后的打算时，袁方这样反问。

　　自考的课程还剩3门，在老家内蒙古已经疏通好关系的父母只等着他拿到毕业证书。"谁都想找一个稳定正式的工作，在北京能去的全都是私企，说不定哪天就倒闭了，对吧？"袁方觉得，离开北京能过得更好。

　　工作低微、没有户口、收入仅能果腹，初出校门时，打拼于底层的大学生尚且能够用向上的目标消解现实的苦闷，而当他们逐渐步入买房、成家、抚养子女的生活轨道时，社会对高等教育的回馈与他们的需求有了更大的落差，信念便开始瓦解。

　　26岁的钱琦很快就要辞职回安徽老家了，她已怀孕一个多月，仍与丈夫分住在一幢筒子楼的二三层。以目前两人的收入，租个单独的房间太奢侈，只好维持现状。一间20多平方米的宿舍挤着8个人，2009年来北京考专升本时，她就住在这里。父母希望她拿到本科，然后考研。课程上了两年还是没能全部通过，钱琦决定放弃。她找了一份培训学校的助教工作，结婚、怀孕，现在他们再也扛不住在北京的生活了。

　　回去亦或留下，不只是漂泊和稳定的选择。身份差异主导就业已是整个中国的普遍趋势，只不过在北京这样的大城市，身份标签以学历和学校区隔,而中小城市更强调家庭背景和人脉关系。两相权衡,大城市的相对公平还是吸引了不少人前来,尤其是那些寒门子弟,毕竟,学历和学校这样的标签,都还是可以通过自己的努力来换取的,而出身却无法选择。"很多北京高校的毕业生也开始往下面走了,但他们往往不会有特别好的平台,在中小城市,知识和才能反而不是最重要了。"廉思说。

就这样,过去10几年下来,这个群体在北京、上海等大城市的郊区越聚越多,在因为蚁族这个新鲜的命名被主流社会短暂地关注了一下之后,现在他们又被扔回了角落里,具体有多少,也没有人说得清楚,中国社科院发布的《中国人才发展报告(2010)》曾保守估计过北京的情况,至少有10万人以上。

改变命运

也有一些人选择扎在北京,设法改变自己的命运。考研,是最直接的通道。据教育部统计,2012年全国研究生考试人数为165.6万人,比去年增长9.6%,创历史新高。

毗邻人民大学南门的万泉庄是北京考研族的聚居地之一,由于离北大、清华、北理工、北外的距离都不算远,万泉庄往往是他们的首选。去年来北京后,高磊就住在这里。1989年出生的他毕业于山东中医药大学法学专业,今年是他第二次考研。初试成绩刚刚出来,352分,能进中国政法大学的复试,他立即报了一个复试辅导班。

即使在济南当地,高磊的学校也没什么名气。大学毕业前,他曾去一家家电零售公司应聘法务,法学专业、通过司法考试这两条他都符合,第三个要求却将他拦在了门外:学校必须是一本。"读了研究生,差别应该会很大吧。"高磊这样想。他觉得即使不能当公务员或者进国企,做个律师也还不错。同村一个研究生毕业后留在了北京一家医院,并且申请到了户口,这让高磊以为,取得硕士学位就等同于拿到户口。"不是说硕士以上学历可以申请北京户口吗?"当他听到这两件事并没有直接关系时,怅然若失。

对高磊这样毕业于普通学校的大学生来说,获得重点大学乃至名校的硕士文凭无异于"镀金",借此改变因高考造成的教育劣势。然而,当他们带着完成的喜悦再次走出校门时,却发现仍然处于弱势地位。越来越多的用人单位不再只看最高学历,而要求本科和硕士毕业学校都得是"985工程"院校。随着出国热、考研热的兴起,就业市场水涨船高,海归、高学历、名校生、重点大学、普通院校、专科、高职,教育程度的分化为人才需求方提供了明晰的秩序安排,条件最优的用人单位掐尖,剩下的依次分配资源。努力要上一台阶的大学生们,则永远感到自己迟滞于这种"晋级"。

在庙堂高处,一提到高等教育,政府官员、专家学者们往往热衷于如何提升国家的科技竞争力,如何培育完整、健全的人等等美好而虚无的宏大论争,年复一年,不绝于耳。但在现实情境中,中国的高等教育正慢慢演变成这样一种精细、森严的等级体系,且无情地发挥着对无数青年人进行筛选、淘汰的作用,不仅仅教书育人,更是实现社会分层的一个强力工具。

中国科学院的博士生冯龙(化名)就是一个即将到达层级顶端的幸运儿,他已经申请到去东京某研究所做博士后的资格。1985年出生的冯龙本科就读于郑州大学,在中国的高等教育层级中,这并不是一个位次靠前的大学,如果不是这5年的学历增进,冯龙觉得自己可能与当时的同学一样,做着并没有多少前途的工作。而现在,选择权在他手中。山东威海的一家企业提供一套200多平方米的海景房、大笔安家费,东莞的企业也是一套住房和30万安家费。他都拒绝了-父母更希望他留在北京。

"我妈妈坚决不同意,如果我离开北京,她会觉得没有面子。"冯龙说。于是,他把工作地点限定在了北京,但是只考虑国企和研究所。一半的面试他都能顺利通过，几家对他满意的国企待遇差不多都是税后年薪 10 万~12 万元，当他决定选择其中一家的时候，东京的 offer 来了，冯龙毫不犹豫地选择了后者。

"U 一代"危机

史各庄吃着廉价盒饭的陈奇、忍受枯燥和压力的考研者高磊、满怀中产阶层生活梦想的冯龙，他们同是生于 1985 年之后，同在这个城市经历青春，但却一点也不熟悉对方的生活。听到"蚁族"的就业状况和困窘际遇时，冯龙感到不可思议。而对于高磊来说，精英阶层、官富二代的种种优越只是网络世界里的谈资。大学的班上，50 个人中有 40 多个来自农村，县城里的都很少。在高磊的圈子里，几乎不存在什么比较优势和参照。

跟政治、经济、文化等种种社会资源的分配一样，教育资源的分配也正在急速地向优势群体聚集。教育学者杨东平的研究表明，自 1990 年代开始，重点大学的农村学生比例就开始滑落，农村学生主要集中在普通地方院校与专科院校。以湖北省为例，2002~2007 年，考取专科的农村生源比例从 39% 提高到 62%，而在重点高校，中产家庭、官员、公务员子女则是城乡无业、失业人员子女的 17 倍；北京大学教育学院副教授刘云杉统计，2000 年至今，考上北大的农村学子只占一成左右。

在这样的大背景下，同一代人拥有的很可能是完全不同的生活经验，而且分化与隔膜以一种他们自身无法察觉的方式迅速地实现着，从高考开始，直至就业、发展、结婚、生子，他们都是在各自的界别中寻找上升的可能。但在互联网所造就的虚拟世界，无论是在东京的实验室，还是在史各庄的民房，他们浏览同一个网站的新闻、使用着同样的聊天和社交工具，仿佛又回到了同一个世界，那个主流社会每天都在高谈阔论着的世界。

这样的情形，在某种程度上，造成了一种奇异的和谐，现实生活中，彼此看不到差异，反倒都乐安天命，艰辛攀爬。当记者在北京走访了大量这种生存条件恶劣的底层青年生活社区后，原本以为生活其间的年轻人该会多么愤怒与沮丧，但事实却并不是如此，相反，他们极少抱怨社会、表达不满，常常表露出与年龄并不相符的平静、甚至漠然。或许，论坛、微博里的发泄已经足够安抚他们的情绪，即使一言不发，看到别人精彩的嬉笑怒骂，心中道一声痛快，也便罢了。

在对去年"阿拉伯之春"引发的中东社会动荡进行研究时，美国记者罗宾·赖特发明了一个词"U一代"，意指无成就的（unfulfilled）、未被接纳的（unincluded）、未充分就业的（underemployed 或 underutilized）以及被低估的（underestimated）16 岁至 30 岁左右的青年群体。这个群体数量众多，教育程度较高，思想较为开明，乐于进取却又没有足够的机会，对现状不满，对未来有较高预期，并且熟悉新媒体和新技术。是那场阿拉伯世界动荡的主力人群。

"U一代"跟中国的"蚁族"是如此相似。不少研究者也都开始从不同角度关注这个群体，学者于建嵘就曾撰文提醒执政党应当高度重视底层知识青年，他认为，30 余年的改革开放，知识青年群体发生了很大的分化，一部分被利益结构化，成为占社会主导地位的知识精英联盟；另一部分被去利益结构化，成为底层知识青年群体，他们在大城市底层艰难的生活处境使他们可能萌生"愤青"意识，对抗主流价值观，对未来社会影响深远。

这种担忧并不是杞人忧天，在中国短短的近代史上，知识青年群体在社会动荡和变革中充当先锋的情形，并不鲜见，从"五四"运动、知青上山下乡再回城、到"文化大革命"中的红卫兵运动，莫不如此。

不过，今天的现实倒没这么夸张。中国的"U一代"们看起来没有什么政治表达的诉求，对成功的渴望才是他们的终极向往。通过调研，廉思就发现超过一半的"蚁族"都觉得自己未来 5 到 10 年能够成为中国的精英，"从我们学校就能看出来，学经济的学生很少有去实业的，他们更喜欢投行、金融行业。虚拟经济来钱快，大家都等不及成功了。"

网络上，年轻人互相附和，揭露"知识改变命运"这句激励了数代人的"流行语"是最大的欺骗。而内心深处，他们其实仍然坚信不疑。即便自己不是"富二代"，也希望可以成为"富二代"的父亲。当上流社会的纸醉金迷和富豪们的发家传奇暴露在网站头条、娱乐版面上时，不仅是提供了一个攻击的标靶，更提供着一个奋斗的目标，他们一边辱骂，一边憧憬。只要上升的阶梯不被撤走，生活的推动力就不会停歇。

对于执政者来说，似乎也没有必要过于担心这个庞大的青年群体会对现行社会秩序产生什么威胁，因为越来越强势的消费主义价值体系已经很好地解决了这一代青年人的精神动力，他们的热情还有去处，依旧对生活充满梦想，真正的危险只是在于，知识青年们的梦想被高高吊起，现实中社会层级的固化却将其狠狠摔下。上世纪五六十年代，以知青集体上山下乡来缓解就业和疏散政治热情的手段不可能再现，何处安放躁动的年华，是需要青年人和这个国家共同思考的问题。

15. "共产党员是劳动人民的普通一员"

■ 赵义

在1月22日的中纪委全会上,习近平总书记讲了一段很重要的话,"工作作风上的问题绝对不是小事,如果不坚决纠正不良风气,任其发展下去,就会像一座无形的墙把我们党和人民群众隔开,我们党就会失去根基、失去血脉、失去力量。"他还强调,八项规定只是第一步。看起来,反对特权思想、特权现象,会成为相当一段时间执政党工作的重中之重。

八项规定的确只是第一步。特权问题存在于各个领域。从前苏联的教训来看,特权问题最根本所在是形成了权力扩张和控制资源的利益结构。外在的言行只是表现形式。反特权,当然就不能止步于对外在形式的纠正,虽然其效果立彰,但如果不能触及核心问题,形式的改进很快就会出现效益边际递减,在层层"做样子"的贯彻中失去效力。

推倒"无形的墙",最终目的是民众自由的最大化。特权和民众自由是零和博弈,很难共存。特权少一分,民众的自由就会多一分,反之亦然。马克思关于共产主义的设想是"自由人的联合体"。十八大报告也强调"人的全面发展"。自由不是放纵,而是树立人的主体地位;自由更不是某国的专利,不能说一国之民众配享有自由,另一国民众就不配。反特权就是要保障自由。

特权之下，会产生变异的"自由"，比如不讲究手段的正当性，一切以达到目的为唯一考虑。自由，当然需要学习，即很多人所谓的"国民素质"。但如果是特权当道，民众是无论如何学不会的，不是不想学，而是没法学。比如说，假设一种垄断经济力量肆意扩张的情景下，发展的大蛋糕被权力以及垄断力量占去了大部分或者相当一部分，只剩下一小部分让多数人去分享，所谓自由和恶性竞争差不多就是同义词了。举个形象点的比喻，一个大游泳池，划去2/3的地方只让符合特殊条件的去游泳，大部分人只能在1/3的地方游泳，如果再指责他们不是仰泳、蝶泳或者蛙泳，那真是强人所难了。

由此，特权本身就是制造社会问题的根源。不推倒"无形的墙"，政治生活的逻辑一样会变成：水多了加面，面多了加水。形象的说就是，特权制造了社会对立和社会矛盾，然后想办法来缓和社会矛盾，形势好一点了，特权又开始扩张，如此循环下去，最后得到的是一个个难以下咽的"馒头"。

能从根本上改变社会面貌的力量并不多，真正的自由绝对算一种。反特权，要跳出"水多了加面，面多了加水"的游戏，只有靠自由的扩张才能实现。一个自由越来越充分的社会，特权就失去了存在的土壤，最终"把权力关进制度的笼子里"。道理很简单，一个真正珍视自由的社会，怎么会允许特权再把自由剥夺掉呢？

在前述讲话中，习近平还说："共产党员永远是劳动人民的普通一员，除了法律和政策规定范围内的个人利益和工作职权外，所有共产党员都不得谋求任何私利和特权。"这种政治哲学，可以说从共产党建党那天开始，就一直在讲。如果说有区别的话，只能说今天反特权要面对的利益结构更加复杂和更加"顽固"。因此，归根结底，反特权还是那句老话：还权于民，还利于民。

16. 势利的贪官是怎样炼成的？

■ 石破　南风窗记者

每一个贪官都是势利的，不势利则无贪官。然则贪官的势利是如何炼成的？

当下社会是一个"精英崇拜"社会，最顶层的精英就是拥有财富最多的人，所谓"财富英雄"是也。他们既是成功者，也是智慧与能力超群者，还是无数渴望成功的庶民的"造梦者"。他们是从财经媒体到娱乐媒体都时刻关注的对象——媒体引导我们以羡慕的眼光注视聚光灯下的首富们的一举一动，却对身边的穷人视而不见。穷人身份低微，他们不仅活得艰难，还要饱受冷眼和白眼，因为在这个社会的评价体系中，他们是失败者，是生存能力低下的人，是不值得同情和怜悯的人，只有成功者才是卓越的，才配得到一切。商业精英阶层的观点影响着整个社会。几乎所有商业广告都是为有能力过更好生活的人量身打造的，却没有一条号召我们"安贫乐道"——富人们优渥安逸的生活永远是我们孜孜以求的梦想。无数励志故事激励我们"往上爬吧，多捞钱吧，进入上层社会，那里准备好了一切！"

中国人对势利的认识非常深刻，俗话说"虎落平阳被犬欺"、"拔了毛的凤凰不如鸡"，"趋炎附势"这个昔日含有批判、贬抑意义的成语，正在变成无数年轻人自觉遵守的行为准则。而官员对周围簇拥着的势利之徒的认识和体会，更比一般人深刻得多。你拥有权力时得到的尊崇和拥戴，一旦失权就会瞬息而逝。因此，相较于仕途上的成功，经济上的成功似乎更重要、更实在、更保险。即使你当上了一定级别的官员，你比社会上大多数的人都富有，但也无法跟那些挥金如土的富商相比，而他们在向你乞求权力关照的同时，内心未尝不在嘲笑你的寒酸。这让你尴尬、难堪，寝食不安；你强烈地感觉自己的权力、名声未能与财富相匹配，未能与社会设定的成功典范保持一致，你更难以接受有朝一日"权力过期"时你将会失去一切的可怕前景，你的恐惧和焦虑由此而生。

反之，你积累的财富越多，你赢得的尊严和敬重也越多，你也越能信服自己的"价值"，这是一个相互补强的过程。所以，即使有些贪官所捞的钱已经足够自家几代人挥霍了，却仍在狂热地聚敛财富。

凡主动向官员行贿的商人，无不深谙中国式的生意之道："先做朋友，再谈生意。"他们以银弹夹裹着感情向官员进攻，双方很快就会变成亲密无间的朋友。通常来说，官员会拒绝陌生人突如其来的行贿，但对于"朋友"的"帮助"则不妨笑纳，特别是他急需大笔钱财支付超出正常生活水平的开销时。有经验的行贿者并不希望官员只注意到他所行贿的金钱，而更希望对方感受到他的赞美、爱戴、体贴和关怀，因为后者满足的是人类天性中最强烈的欲望，是每一个人在襁褓中就能享受但很多人长大后仍在渴望却已不可得的东西。

人们习惯于谴责"贪得无厌"的官员；某些贪官锒铛入狱后，也会忏悔自己本是好党员、好干部，却未能抵挡住金钱诱惑，栽了跟头……但在一个"名利场"化的社会，在一个权力缺乏制约和监督的环境里，官员想要抵制不义之财的诱惑，就得进行一场艰苦卓绝的战斗。他的对手不仅有不计其数的行贿者，还有已成"群体性病征"的势利观念，而当周围每个人都拼命想赢得一定的地位、声望和财富，不然就难以得到更多温暖和关爱时，只要个别腐败行为得不到及时有效的遏制，人们就会产生"你能干我也能干"的攀比思想，腐败就会日益系统化、普遍化。

17. 有闲阶层的道德责任

■ 石勇

"中国人很有钱"——奥巴马、奥朗德的小伙伴们已经不惊呆了。有新的数据。中国奢侈品市场研究机构财富品质研究院近日就发布了一个《中国奢侈品报告》,说 2013 年中国人年奢侈品消费总额将达 1020 亿美元,买走全球 47% 的奢侈品。啧啧,好像是真的富了,消费全球近一半的奢侈品啊。

但要澄清一下,这个"中国人",只是少数大大小小的土豪、权贵及其家属(包括子女、情妇),也就是美国经济学家凡勃伦所鄙视的那种粗鄙的有闲阶层,不是苦逼的小白领,不是城市贫民,更不是农民工——绝对数量大得多的人们连病都看不起,房都买不起,哪可能跑到国外一掷万金装 13。

实际上有两种中国人:一种穷奢极欲,另一种则挣扎求生。给定一个比较有刺激性的事实,我们扛一个大脑和心理出现在它面前,肯定会作出反应——评价,甚至想去改变它。一群人疯狂地消费奢侈品,通过区别于普通大众,来获得"自我认同",而另一群被鄙视的人则连基本的生存保障都艰难,有问题吗?好像是有的。它不符合我们的一种直觉:"朱门酒肉臭,路有冻死骨"在一个社会中是不太正常的——这不公平。

但这一直觉会遭到另一个观点的反驳：这只是一个事实而已，没有什么公平不公平的。毕竟，它也吻合我们这样的直觉：一个人有钱，想怎么样就怎么样，这是他的自由，怎么就不正常或欠谁了？反驳表面上是有力的。但如果我们问：那些挨饿的人，是不是只能怪自己没本事？这个观点的回答只可能是：是的。而这样一来，它的漏洞就露出来了。

第一，这样的回答显得很没人味，漠视他人苦难，在道德上总是错的；第二，你拿奢侈品炫耀，的确会刺激到穷人，这远非"自由"一词就可以辩护；第三，也是更重要的是：一个人挨饿只能怪自己没本事吗，大概不是吧？非常可能的是，没本事（不具备有本事的素质）是一方面，机会被剥夺，又是另一个方面。因此不能说这是正常的，和公平无关。

这里引出了一个很重要的问题：一个社会中有权有钱的有闲阶层，对于挣扎求生的公民同胞有哪些道德责任？常见的说法是慈善。这当然值得赞赏，但也有很多问题。

其一，这是美德，不是道德责任，干了要表扬，不干了他也是免于指责的，你不能说他；

其二，慈善可能会掩盖某种真相，即有权有钱的有闲阶层们确实剥夺了穷人，他们负有补偿的义务，但这被假装看不见了；

其三，慈善可能被视为是对穷人不"仇富"的一种赎买，但问题是，这只是功能上如此，逻辑上并不这样，和"高薪养廉"多给你点求你不贪不是一回事。

总体来说，慈善对于改变现状所起的作用是不大的，它实际上具有维护不平等的资源分配格局的功能。可以明确的第一个道德责任是清楚的：作为人，你不要在精神上、心理上刺激、冒犯别人，这很没教养。对奢侈品的炫耀性消费，无非是在心理上确立、维护有闲阶层和穷人在社会地位上的等级结构，使前者可以在心理上吞食后者。在法律上这没有问题，但在道德上却远非那么正当，因此有闲阶层有必要懂得自我约束。

第二个道德责任，属于"社会团结"范畴。大家共处于一个社会中，具有一种公民与公民的特殊关系，其中蕴含着如果你很有钱，不能只顾自己奢侈而不去管别人死活的道德契约。如果不干，基本上就是一种耍赖了。

第三个道德责任，就是补偿。它已经不是有闲阶层们"主动"去干的事了，而是通过国家，通过制度来干。他们需要明白的只是：既然是道德责任，那么，"劫富济贫"的泛泛说法是错的。

18. 新工人阶级的未来

■ 李昌平

农民的出路在工业化和城市化。世界上很多发达国家就是这样走过来的。远的不说,近的就有亚洲"四小龙"。

然而,从 1978 年算起,中国工业化和城市化高速发展了 30 多年,有户籍农民却由 7 亿增加到了 9 亿多。2008 年,一场全球性金融危机的袭来,中国 2000 多万"农民工"——新工人不得不返回农村,重新做农民。

中国依然是 9 亿农民为 4 亿市民"搞饭吃"——"供大于求",农民不穷都难啊。

中国必须减少农民。

假如中国真的像发达国家一样,只有 10% 的农民了,8 亿农民进城成为了"农民工"或者市民,那会怎么样呢?

世界上发达国家不到 6 亿人,中国、印度、越南等发展中国家数十亿人。数十亿人为 6 亿人"搞制造","供大于求","农民工"不穷也难啊。这和"9 亿农民为 4 亿市民搞农业——越搞越艰难"是一个道理。

发达国家制造业 100 元 GDP 有 75 元转化为国民收入,中国等发展中国家制造业 100 元 GDP 只有 35 元转化为国民收入。在国际分工体系中,发展中国家的"农民工"收入这么低,"农民工"何以市民化呢?假如将来中国城市里生活着8亿多月工资只有2000元的"农民工",农村8亿多农民问题转化成了城市8亿多"农民工"问题,那会是什么局面?

　　站在中国的角度思考,中国必须让农民尽快尽多地变为工人或市民,否则,中国的农民是没有前途的。但站在全球的角度思考,中国农民转变"农民工"越多越快,全球性"中国制造"过剩就越严重,中国"农民工"就会越"制造"越穷。中国的"农民工"——新工人是没有前途的。

　　假如中国不减少农民,农民问题会更加严重——中西部问题;假如中国农民转变为"农民工"越多,中国"工人问题"就会更加严重——东部和城市问题。这似乎是一个无解的难题。

"中国拐点"

　　中国是世界上最大的发展中国家,人口和劳动力总量占全球的1/5强。全球一般制造业一直是梯度转移的。在中国进入全球制造业梯度转移历程之前,全球一般制造业的格局是少数人为多数人搞制造;中国加入全球一般制造业梯度转移之后,全球一般制造业出现了"中国拐点"——由少数人为多数人搞制造转变为多数人为少数人搞制造了。

　　在全球一般制造业出现"中国拐点"之前,一般制造业100元GDP转化为国民收入70元,在工业化中后期基本可完成城市化,即85%以上的农民转化为市民,社保、医疗、教育、生态等现代化水平都接近发达国家水平。可是,"中国拐点"出现之后,一般制造业100元GDP转化为国民收入只有35-40元了,因此,我国"出口导向"工业化搞了快30年了,已经进入工业化中后期了,但有户籍的农民数量还有9.4亿,比30年前还多出2亿多,社保、教育、医疗、生态等现代化水平远远落后于亚洲"四小龙"及更早实现现代化的国家和地区,即城市化大大落后于工业化。

　　这就是制造业全球梯度转移进程中的"中国拐点"出现之后的重大改变,因为中国工业化进程中的劳动力报酬大大低于亚洲"四小龙"之前的所有国家和地区,农民转化为市民的速度大大延后,城市化大大落后于工业化,进而导致内需不振,产业升级缺乏内在动力。中国现代化陷入了"劳动力比较优势"和"出口导向工业化"的陷阱。亚洲"四小龙"的"出口导向"工业化、城市化、现代化战略解决不了中国的农民问题和农民工问题。

不能重复 1997 年的故事

中国现在怎么办?这是中国当下要回答的重大问题。

中国现在的思路大体上是 1997 年应对亚洲金融危机的思路:一方面,大幅增加政府财政投资,维持一定经济增长速度,增加就业,维持社会稳定;另一方面,采取出口退税、增加流动性等多种措施,帮助东南沿海出口企业度过难关,期待在短期内重新走上快速增长轨道。中国现在采取这样的应对策略,主要基于两个基本判断:第一,全球金融危机很快过去,外需很快就会恢复并持续增长,东南沿海很快会承担起"火车头"的作用;第二,"出口拉动型"工业化战略,可以帮助中国整体上实现城市化和现代化。

但这两个判断的现实基础正在改变。

第一,中国东南沿海的经济危机,本质上与全球金融海啸关系不大,是全球制造业梯度转移的必然现象,东南沿海"出口拉动型"模式不可持续;第二,"出口拉动型"工业化战略,在亚洲"四小龙"之后,再不可能帮助大型国家整体上实现城市化和现代化了。

今天的全球金融危机和 1997 年亚洲金融危机对中国来讲,是完全不一样的。1997 年,正是中国"出口拉动型"工业化步入旺盛时期的初始阶段,现在是"出口拉动型"工业化收尾时期。如果中国采取 1997 年"积极财政政策"的办法,只会增加更多的产能,有可能进一步加剧"生产过剩"危机,会造成长时期的"通缩"和更大的"经济危机"。不仅不能率先走出低谷，有可能在别国走出低谷时，我们正好走进低谷。

退一步说，即使美国等发达国家走出了低谷，也不必然中国就恢复 2007 年的增长速度，因为，美国等发达国家不一定偏好中国的制造产品，可能更加偏好越南、印度等国的制造业产品，甚至扶持朝鲜发展制造业替代中国的制造业。这都是可能的。发达国家有太多的选择，何况中国沿海的制造业已经失去了低成本优势。

防止"海口化"

低增长不完全是坏事。日本在低增长下发展了近 30 年。日本的经验和教训对中国沿海地区应对危机是非常珍贵的。

1985 年"广场协议"之后，日元大幅升值，日本在随后的近 20 年中，也出现了"倒闭潮"和"失业潮"。近 30 年来，日本一直是有步骤地向海外输出产业、资本、技术、管理、人才等，变日本经济为全球日本人经济。尽管日本国内经济一直处于低增长，甚至负增长状态，但并没有因为经济低增长或负增长，出现严重的社会问题，人民生活水平稳步提高。

继日本之后的亚洲"四小龙"，最近 10 年，产业和资本等也一直在向外转移，同样，亚洲"四小龙"并没有出现十分严重衰退，资本积累快速上升，人民生活水平稳步提高。

为什么向外输出产业和资本等，可以帮助本土度过危机呢？因为"出口拉动型"工业化战略是阶段性的，实现城市化、现代化后"出口拉动型"战略就没有意义了。产业和资本不向更落后的地区转移，必然会"倒闭"。而主动向更落后的地方输出过剩的产业、资本、品牌、技术、管理和人才（包括熟练工人），利用他国的土地、劳动力、资源能源、环境等创造价值，获得的是"绿色收益"（将污染留在了他国）。这是变"本土经济"为"非地经济"，虽然可能导致沿海 GDP 增长放缓，但沿海人的财富积累会加快，资本积累会加快，更有利人民生活水平的改善。

中国东南沿海地区今天面对的问题，和日本、以及亚洲"四小龙"是同一类问题。要重点研究日本90年代以来是怎么走过来的，一定要将有限的财力用在社会升级和生态升级上（包括环保产业发展）。

1990军前后，海口和北海是中国仅次于深圳的高速增长区和区域发展龙头。可是在1997年"亚洲金融风暴"时，海口和北海开始走下坡路了，从此一蹶不振，十几年来几乎被人遗忘了。

海口和北海为什么一蹶不振呢？这是值得危机之中的温州等东南沿海发达地区深入研究的。一栋"烂尾楼"要修起来，可能只需要数百万，但往往十几年之后也无人接手"烂尾楼"的修建，为什么？不是因为拿不出数百万的钱，是因为与"烂尾楼"相关的经济关系"紊乱"了，要理顺"紊乱"的经济关系，需要太多的时间和精力。数百万付得起，但时间和精力往往耗不起，"烂尾楼"的背后是经济关系"烂尾"了。

一个快速增长的经济体（地区或城市），经济增长速度突然慢下来，应对不好，往往会出现各种各样的"烂尾楼"，从而导致经济关系大面积"紊乱"，甚至导致整个经济体（地区或城市）变成一个"烂尾楼"。整个经济体变成了"烂尾楼"，可能是数月之间的事，但重建"烂尾楼"可能需要十几年，甚至更长的时间。

新工人的未来

东南沿海的很多城市政府，现在手上是有财力的，也可以调动巨大的财力。这些可用的财力非常宝贵，用对了，可以帮助走出困境；"瞎折腾"，就会加速"海口化"、"北海化"。东南沿海很多城市政府视农民工为包袱，异口同声高喊"农民工返乡创业和就业"。这恰恰会加速"海口化"、"北海化"。

为什么吸纳人口和提升社保水平可以防止"海口化"和"北海化"呢？这是因为，"制造业外移"后，产业升级的主要方向是深化服务业。一个城市的社保水平越高，服务业升级就越快。服务业升级越快，人气就越旺，房地产等财产性收入就会稳步增长。如果一个地方制造业外移，同时人口大幅减少，就会出现财产性收入大幅下降，企业和居民就会出现"负资产"，银行就会出现坏账等等就会出现经济关系"恶性循环"。不仅会出现"烂尾楼"，整体经济关系都会出现"烂尾"。这就是海口化和北海化。

东南沿海政府现在手上的财力，要重点用在社会保障水平的提升上；用在闲置厂房改居民楼上，用在农民工市民化上；用在环保事业上；用在成立资产信托公司，盘活存量资产，防止经济关系恶化上。不是向中西部政府和中央政府呼喊"农民工返乡"，而是要向中央要政策，安置农民工，将农民工变为市民。

未来30年内，中国人口高峰不会低于15亿，中国如果像先发国家一样现代化，农民占人口的比例低于10%，城市要生活13亿多人，农民只有1.5亿人。中国30年的改革开放，经济发展速度惊人的快，很多资源已经不得不依赖国际市场了但农民数还增加了2亿多，总量高达9亿多。即使今后每年城市化1500万人，再过30年，中国的农民数量可能也不会低于5亿，如果低于这个数，除了资源供应会严重短缺外，社会稳定也难保证。30年后，城市市民10亿人，农村（含乡镇）居民还有5亿多人。

乡镇以下的农村要留住5亿多人，并过上和市民差别不大的"幸福生活"，这是统筹城乡发展的关键所在。农民不能一股脑地进城，应该有序进城，进城的生活水平和没有进城的生活水平相差不大。这就需要安排好农村的基本经济制度。

19. 煤矿工人的"中国痛"

■ 潘毅（香港理工大学社会学教授） 吴琼文倩 邓韵雪

我是你额上熏黑的矿灯，

照你在历史的隧洞里蜗行摸索……

——舒婷《祖国啊，我亲爱的祖国》

很久以前，要发生煤矿事故，人们才会关注到煤矿工人。而现在，即使发生煤矿事故，也难引起关注，存在的，最多是一串冷冰冰的伤亡数字。

他们已经被遗忘。

2013年7月下旬，我们来到了黑龙江煤龙集团下属的双鸭山矿区，一个无人问津的矿区。当我们冒着淅沥的小雨走进矿区小城时，看到有一座写着"矿工万岁"的石碑，在矿区办公楼前耸立。

双鸭山矿区鼎盛的时候，有近7000名工人。如今，产量减少，矿区职工已不足5000人了。工人告诉我们，矿已挖至第三层，再过20年这个矿就会挖空了。

龙煤集团成立于2004年，现有26.6万员工，是中国500强企业，下设9个子分公司。8年多来，这里矿难不断，事故人数最多的一次，死了171人。

在事故中死亡，只是煤矿工人命运最极端的一面。它无法涵盖矿工生活的全部。他们的生活，无时无刻不面对工资低、工时长、压力大、工伤频发、职业病隐患等大大小小的挑战。这个群体，承受着今天的"中国痛"。

跌入底层的矿工

凌晨4时，北方的天空已经泛白，远处的矿山冒着烟，许多人还在睡梦中，一名矿工的一天，早已和曙光一起开始了。

我们来到煤区工人常师傅家中，常师傅40出头，中等身材，白净的面庞时常挂着质朴的微笑。他是一家三口唯一的经济支柱，妻子没有工作，女儿17岁，刚到哈尔滨铁路职业技术学院读书，每年的学费、杂费、生活费加起来两万多元。为了这个家，他只能选择拼命工作。

常师傅和许多经济条件差的工人住在棚户区，这里垃圾随处可见，马路全是泥巴路，晴天走过一身灰，雨天走过一身泥。一个100平方米左右的小院子里挤下三四户人家，没有集中供暖，上千户人家共用两个厕所。

6时，一阵手机铃声响起，说矿上有急事缺人手。常师傅的妻子赶紧从蒸锅里取出两个馒头，这是他在井下8个小时所有的食物。妻子一边送他出门，一边叮嘱他注意安全。

常师傅每天下井前，在段长带领下和工友高声宣誓：

"我宣誓，为了企业利益，为了家庭幸福，我坚决做到：牢记安全理念，搞好自主保安，绝不违章作业，视安全为生命，视隐患为天敌，平安完成当班任务，用忠诚和良知确保人矿平安。"

上午7时，一部车将已完成井下8小时工作、满脸煤灰黑黢黢的工人送上地面，另一批面庞白净的工人火速上了车，这个车子把他们送到地下700米的工作面，开始下一个8小时的工作。这白着脸进、黑着脸出的黑铁人形象，简直成了煤炭工人的标志。

特别引起注意的是，很多下井的工人都没有带食物，只有小部分工人像常师傅一样带了馒头、面包。年长的工人告诉我们，矿下环境阴冷潮湿，充斥着煤灰和可燃气体，他们常常自嘲自己是"三块板加一块肉"，吃喝拉撒都在两个侧板和一个顶板间小小的空间，一切都很不方便。

这样的工作，一周七天，没有休息，每天三班倒，7时-15时、15时-23时、23时-7时，每10天换一班。一天下来，升降矿井各需要一个小时，再加上淋浴，矿工们工作超过10小时，有的会达到12小时。大部分工人每月工作时间在28天到30天之间。周六日工作没有加班费，遇到节假日上工才会有两倍工资。

在这样的工作强度之下，以2013年6月为例，矿区月产量达到18万吨，采这些煤所花的机械、人工等总成本为5758万元，其中有1411万元用于支付员工的工资。以最新一期环渤海动力煤均价报592元/吨来计算，矿区这月产煤的总价应该有1亿多元。工人的工资支出不到煤价的1/10，工人报酬之低可见一斑。

井下一线作业工人，即采煤、掘进等工人工作辛苦、危险度高、劳动强度大，工资相对高一些，平均达到5000元；但像常师傅这样的井下二线作业工人，平均每月才3000元左右。若是井上的辅助工种，如搬运、检查、记录等，每月工资就只拿到1700元左右了。作业工人执行的是计件工资，段（队）长执行的是和段（队）生产任务挂钩的岗位绩效工资，井区长执行奖励工资加岗位绩效工资，矿长执行的是年薪制。

近10年，大部分国企都难逃改制的命运。龙煤作为新成立的大型国企，虽然侥幸逃脱，还是被抛到了市场经济的汪洋大海中。市场经济，往往是利润挂帅，至于劳动者的权益，与利润无关，自然容易被忽视。

主体性早已不在

1980年代中期，李师傅中专毕业，像很多年轻人一样，怀着对国企煤炭行业的憧憬来到了小城，对此他感到幸运，不断强调着"那时机会好，赶上好时候"。

快 50 岁的李师傅参加工作 20 多年，和矿上的其他工人一样，看起来比实际年龄要老。这种"显老"是有原因的——呼吸的是充满煤灰的空气，喝的是从矿井里抽出经过简单净化就送到居民家中"有股怪味"、"浮层油"的水，吃的是掺杂煤渣的土地种出的蔬菜，再加上辛苦的劳动、长期在井下工作时空腹……这所有似乎"慢性自杀"的生活方式，工人每天都在这里重复，怎能不加速衰老呢？

李师傅见证了 2000 年至 2010 年煤炭行业"黄金年"的历程——全国煤炭工业总产值由 1513.28 亿元增加到了 22109.27 亿元，增幅达 14 倍；2011 年 12 月，煤炭开采和洗煤行业的销售总收入达到 3.62 万亿元，总利润 4342 亿元，达到了历史最高记录。

随着经济危机对煤炭行业的冲击，2012 年以来，煤炭价格不断降低，环渤海动力煤报价从最高时的 853 元/吨跌至现在的不足 600 元。钢铁、电力等需要煤炭的行业都在萎缩，煤炭产能过剩，价格不得不下降；同时，受国内、国际煤价倒挂影响，煤炭进口快速增加，中国原产煤在市场上没有竞争优势，煤炭行业一蹶不振甚至亏损似成必然。

最近，传说龙煤要减员，这让李师傅感到非常担忧。他说，他要是没有了工作，一家四口只能喝西北风了。

有了工作又如何呢？每天都要面对危险。

煤炭本身就是高危险的行业，每位工人都经历过或大或小的事故，最常发生的是顶板松塌。近几年，煤层越挖越深，顶板也越来越不牢固，即使安全措施到位，顶板也有可能塌落。顶板一旦有哪怕一小块地方松动，煤渣就会像高压水枪一样被射出，若是松动的地方较大，或者被砸到了胸部、头部，后果会非常严重。

走进宿舍区，我们遇上矿难工人的妻子小丁，患有血癌的她右腿缠着厚厚的绷带，举着一双拐杖在小区里艰难挪步。她丈夫小孙是矿上的掘进工,俩人婚后花了6万元买了一套房子,不久,小丁便怀孕了。一切本应是一个美好的故事。但是,今年7月5日凌晨,因为前一班的残炮没有清理干净,小孙和另一名工友小文在开掘时,残存的雷管突然爆炸,两人当场受伤。现在,两人的眼睛只能是"尽量保住"了,终身失明已是不可避免。坚强的小丁留下了眼泪,她说:"不知道俺这个孩子要送给谁养,能不能长大呢。"

同时受伤的工友小文今年只有24岁,家庭也很拮据,新婚妻子刚怀孕两个月。

在小丁家中,时不时有邻居来看望她,或是给她送来一些吃的东西和日常用品。邻居们不断说,希望我们能够帮助小丁一家。在她家有困难时,我们看到的是邻居们首先出手相助,经常过来嘘寒问暖,送吃送喝。

不同于当下城市商品房小区里谁都不认识的孤立生活形态,单位社区,这一老国企工人传统居住的方式,在小丁夫妇最困难的时候给了他们极大的帮助和支持。邻居们都是十几二十年住在一起的,彼此间非常熟悉,形成了一个互帮互助、紧密、稳固的社交圈;而相似的经济状况和生活方式,进一步增强大家的社区认同感。

可以看出,单位制社区还是过去的社会主义的重要遗产。

被决定的命运

访谈结束后,李师傅带我们到小城的中央公园散步。公园主干道旁摆放着"咱们工人有力量"、"向无私奉献艰苦奋斗的煤矿工人致敬"之类的雕塑。公园里花木盆栽都是十几年前的样式,这一切既在诉说着这个小城曾经的辉煌,也在表达着它如今的落寞。

公园里散步的工人许多拄着拐杖,腿脚似乎都不太方便。矿里上了年纪的人大多患有风湿,对此他们有一套解释:"矿里潮湿,很多地方都有积水,同时风又很大,我们下井时穿着棉袄,但干起活来身上出汗,毛孔张开了，一些工人把棉袄脱下来，风灌进了毛孔，这样就得了风湿病。"

一位60多岁的大爷过来和我们聊开。他是李师傅的老同事，现在已经退休了。一直咳嗽的他，从事井下工作30多年。井下工作面到处弥漫着煤灰、粉尘和有毒气体，而且几无保护措施，粉尘直接吸入，再加上年轻时和很多工人一样爱好吸烟（这也是他们唯一消费得起的消遣），咳嗽很正常，没有像几位工友一样患上矽肺就比较幸运了。在这里，和许多工人说话都要大声喊，听力损伤也是非常明显的。工友们说，井下环境较封闭，机器运转的巨大声音被进一步放大，而他们又缺少听力保护，老来听力自然不给力了。

在我们的走访中，每个煤矿工人都在矿难的巨大阴影下过着拮据而艰苦的生活，工作环境恶劣，工作强度大，工资低以及工伤与职业病的频发，使得曾经风风光光的国企煤炭工人，现在沦落到在基本生活线上挣扎的窘境。

他们是弱者。他们和中国社会底层的其他弱者一样，其命运，很大程度上是被别人决定的。

金融风暴后，对煤炭等国有企业的抨击不绝于耳，而针对性地提出的解决方案主要有两种：一种是国家主义，即强化国家控制，进一步干预甚至垄断基础行业，如煤炭、电力、石油、钢铁、铁路等；另一种则是自由市场主义，即强调继续深化市场化改革，主张依靠自由市场，通过现代企业的管理制度打破垄断，为民间资本创造更加公平的竞争环境。

然而，无论是让煤矿工人"回归"国家，还是被抛入市场，没人去听他们的声音，并且尊重他们的"选择权"。经济上的民主权利的缺失，正是破译他们命运的密码。

国家主义和自由市场主义都是精英主义的产物。它们或者把管理权和社会资源控制在官僚手里，或者控制在资本家手里。结果差不多：管理阶层、资产所有者与劳动者在收入方面拉开很大的差距，后者要付出极大的艰辛和冒着极大的风险，才能在"市场"中求生。他们甚至在生活方式上也在不同的世界，有着不同的中国梦。

访谈过程中，一名在煤矿工作了36年的老工人告诉我们，在上世纪80年代初市场化改革前，矿长的工资为99元，而井下工人的工资47元，二者的差距只有两倍，矿上领导和工人吃住都在一起，生活待遇没有明显区别。90年代后期，随着市场化改革的深入，工人工资增长缓慢，煤矿管理阶层的工资却迅速提高，且有了专门的食堂和住房，甚至连喝水、吃饭都有了阶层属性。很清楚：真正的问题不在于产权所有制本身，而在于小部分人垄断了"国有制"，其实质只不过是一种变相的寡头私有制。

今天，分别站在国家和资本的立场上，关于"改革"的各种方案，仍然灵魂附体于经济制度和政策的设计中。煤矿工人的命运困境，仍是沉重的社会命题。

20. 行走官场的巫师们

■ 李向平　华东师范大学社会学教授、华东师范大学宗教与社会研究中心主任

2013 年的中国社会，闹出了一则举国皆晓的大故事。这一故事，类似于多年以前的"气功热"、也与几年前"李一现象"异曲同工。但是有一点却很不一样，这个大仙王林是与前不久被法院判处死缓的刘志军暗通款曲。王大仙曾经给刘志军说，"你不会出事的"，并且为刘志军办公室布置一块靠山石，"保你一辈子不倒"。可是，万万没想到的是，"靠山石"还在，刘志军倒了，王林也跟着倒霉了。

一时间，网络与坊间的议论纷纭，揭批乡野骗子王林以空盆变蛇、断蛇复活、空杯来酒等杂耍，忽悠刘志军诸达官显贵。论者多谓王林之所以得以成功，是因为社会自身从上到下渗透着浓烈的欺骗氛围、功利之风、暴戾之气和信仰危机或信仰缺失；若要不被骗，则须学会独立思考，自强不息，无欲则刚云云。

然而，如此议论，表面上颇能大行舆论批判，可谓不得要领，难以深入当代中国李一、王林式问题。一方面，是这些舆论批判，忽略了中国人中有大量的人信风水、信财神、算命看相，自认为是真正的无神论者并不占多数；一方面，则是这些舆论所指，其实仅仅集中于骗子与傻子、社会

浮躁、精神空虚等等。它们忽视了今日巫术盛行的官场文化现状。

权力崇拜：从"文革"到当代

记得几年前，政府机关刊物《半月谈》就刊有一文，记录的是一位江湖大仙如何在不同官场、以其八卦小计忽悠官员挣钱的事情。又云这位江湖大仙忽然良心发现，颇觉这份钱挣来没良心，就此金盆洗手不干了。然而，又是多少年过去了，迷信几乎也成为国人皆知的一种"文化"。大至2008年奥运会北京开幕式时间定于8月8号8点8分8秒，就连我们在华盛顿参加学术研讨会时，美国人都对我们说，这是"中国人的文化习惯"；小至官员为职位升迁的看面相、猜八字、以及办公室、卧室的风水安置等等，不一而足。党报党刊也多年以来反反复复地予以揭批，却是屡禁不止，甚至是越演越烈。可是，舆论批评与社会监督依旧故我，疲软无力，难入其中。

前年初，北京有官员来沪调研，笔者也列举有诸种官场巫术现象，梳理执政党的信仰重建问题，认为这不仅仅是信仰危机，而且还有一个更加重要的信仰建构问题。如果官场权力的民主建设迟迟不能展开，个人的迷信诱惑及其官场巫术现象可能就难以消失。官场权力关系的高度紧张，干部个人精神压力无处缓解，势必造成巫术或迷信悄然盛行于内心，甚至与官场权力运作的潜规则整合起来。此乃单纯的政治思想教育工作难以奏效的深层原因所在。

出自信仰与宗教的社会学研究思考，笔者曾撰文严厉批评过类似的官场巫术现象。还有学界朋友出自诚意地告诉我，官员也是人，他们身在官场，是风险职业，他们的心灵有谁能予以关怀？即便是寻求迷信安慰，这也属正常的信仰诉求。革命时期的党员干部出生入死，信仰毫不动摇；和平建设年代，干部党员的信仰却频频出轨。事出何因？！其中，有些观点以为，和平建设年代之际，干部党员的个人信仰是否会有一个转变？党员的个人利益可以服从于组织纪律，但个人的生死关怀似乎能够容许个人的信仰选择在其中，以解决个人生死观念及其带来的困惑与矛盾。

不出意料的是，"王林式"的官场巫术再度风靡一时，几乎就是几年前官场巫术史的再现。只是巫术行骗的主角变换了而已，李一唱罢，王林登台。

1980年代以来，中国官场与社会大众之际，始终有一个幽灵在徘徊，这就是李洪林先生所讲的"现代迷信"。李洪林先生曾经在1979年《中国青年》复刊号发表了《科学和迷信》一文，得到了胡耀邦的欣赏。文章批评了中国官场与社会对毛泽东的迷信与崇拜，认为这已经不是古代迷信，而是用新式油彩粉饰的现代迷信，所以称之为"现代迷信"。紧接着不久，李洪林又写作了《信仰危机说明什么》一文，大致意思是说，旧有的马克思主义已经不能说明新的现实了，它必须有个新发展才行，因此要继续解放思想。

遗憾的是，这个思想解放的进程后来一再被打断，最后被"让部分人先富起来"的经济发展所遗忘。直到近年，思想解放的问题虽是无法再提，但唯有一再白热化的信仰危机以各种形式渐渐地暴露出来；而作为当代中国痼疾的"现代迷信"，却以其变换的形式予以呈现。基于这一背景来说，官场巫术就是这类"现代迷信"的一种变换形式。

"文革"建构的是对领袖的个人崇拜及其迷信；而当代官场的迷信方式依旧没有出离这种现代迷信，只是时代变迁，把这种现代迷信转换成了对官场权力的崇拜与迷信。特别是在民主监督、民主建设尚在过程之中时，这种迷信的权力往往会带来某种极大的不确定性，官员的职位升迁、业绩评价，皆为这种不确定性的主要因素。在个人命运无法把握之际，官场风云变幻莫测之时，官员干部就只好寻求其他的依赖，问询于阴阳八卦、风水面相，求助于王林这样的所谓"大师"。于是乎，在各种官员与王林一类大师的合作之间，构成了尽人皆知的"官场巫术"。一方面是权力崇拜，一方面就是巫术盛行，两者相辅相成。正如李洪林所说，"这种迷信一旦产生，就可以成为一种现实的力量"。而李一、王林等大师手中的巫术技巧，恰好就借助于官权力，被建构为一种现实的力量。当一个个官员从紧张的官场走向大师的特殊帮助之后，这种现代迷信则不得不从官场上层弥漫到社会不同阶层。

前些日子，因为田野调查的缘故，笔者接触到北京某旅游公司及其导游。这些导游口口声声说，风水阴阳等等是中国传统文化，从明清的历代皇帝到现在的国家领导人都相信它们，北大清华也都已开设了这些课程，你不信，谁能保佑你升官发财呢？！为此，一批又一批的游客就给他们导向了寺观、密室、各种大师那里，去求福路、官路、财路……在一个表面上高度稳定的社会结构之中，人心不定，唯风水八卦之盛行，构成了一个巫术中国之怪相。

从方士到宗教家的"进化"

毫无疑问的是，像王林这样的大师尽管很会忽悠，也许还有灵活的方术技巧，如果权力民主、社会流动公开合理，具有明确的程序合法性，那么，王林等人最多也是一个先富起来的地方名人而已，不会成为众多官员、明星、新贵们追捧的对象。从这方面来说，在当代社会之中，巫师本身也没有什么大不了的问题。他能够成为著名的巫医，著名的神汉，成为名甲一方的地方活动家，甚至能够从不少地方民间信仰那里赢得不少的崇拜者。但是，他成不了宗教家。因为这种现代巫师方士，仅只是从事面对面、个人对个人的方术经营，自以为能够把握某种超自然的神力，为人排忧解难、治病挣钱、风水看房等等。其中的佼佼者，当然也有通天之力，能够攀附皇亲国戚，大捞一把。这种关系，一个信者愿挨，一个是巫师方士能打，似乎也是一种信仰市场。他们无意于建构一个信仰体系或宗教组织。自古以来，巫师方士无不以此作为生计。

实际上，王林暴得大名并聚敛惊人财产，当然与他善于忽悠有关，但他更离不开权贵、名流抬轿子。王林更大的能量无疑是来自"官权力"——不同级别的各类高官。王林之不仅常有高管莅临，而且王林也常是不同官场之上的座上宾。王林的宅子叫"王府"，这幢五层别墅中有两层楼房，专门放置他与各种官员以及明星的合影。

王林本人并无权力，但他敢扬言"我王林想搞什么项目都搞得来"。王林能够把杂耍玩成高深莫测的气功与特异功能，让众多官员深信不疑。这种信任，构成了他在"气功江湖"上高高屹立的主要原因。官员的崇拜，权力的力量，无疑为王林被神化铺就了路基。正是因为当代官场不少官员"不问苍生问鬼神"，热衷于寻找大师、相信大师、追捧大师，进而才构成了当代王林等一类"大师"如同过江之鲫的现代迷信。对此，网友们的眼光也格外锐利。他们指出：靠权力，王林们长袖善舞；而靠名流，王林们则可打开知名度，俘获更多信徒——你看，连马云、王菲都信了，你还不信？！

比较其他宗教信仰体系来说，王林等人的这种巫术，很难成为体系化的宗教信仰结构。而依靠这种巫术或方术经验的人，大多与前来求助者仅仅是一对一的互动关系，而且这种关系也不稳定，经常更换。所以，每当权力削弱了宗教功能之际，巫术则能够依赖于权力大肆流行。方士或巫术常常不与宗教界来往，仅只是削尖脑袋经营上层权力，这样才能在宗教体系无法正常功能之际，获得他们的市场。

他们一个最常见的特点就是，因为他们无法自成系统，也缺乏固定的仪式与制度，常如闲散人士，依附于其他关系、权力、利益集团之上，他们才能有所作为、获得生存之道。这就是中国传统信仰弥散性与依附性的一个基本特征。两千多年前秦皇汉武时的方术之士，即是王林等人的鼻祖；他们寻找官权力，才能实现自己的最大利益。所以，巫术方士与生俱来的巨大依赖性，在现代迷信依旧强大之时，他们需求官权力来实现其方技、巫术社会影响力的实际建构。

"官巫互动"之现代版

官场巫术及其王林现象，恰好说明了"巫君合一"这种中国传统信仰的最大秘密，近日又再度借助于公共权力而得以再版、复活。巫者，王林是也；君者，当下各种官员。为此，这种现代迷信的基本特质，已经由传统的"巫君合一"途径，直接转换成为当代中国官场中权力与巫术的合作形式之一，被建构为官场的巫术。不过，这种"官巫互动"的形式，当然不是传统形式中的巫君合一，而是私密、弥散型的"信仰形式"，不上台面，实乃部分官员干部的信仰潜规则而已。

这些迷信、求助于巫师方士的官员干部，依赖于其手中的权力，并且把其手中的公权力私人化、秘密化，假公济私地与这些巫师方士进行资源交换，进而构成了权威主义政治与其私人性现代迷信之间的巨大矛盾。一方面是整合社会资源的意识形态信仰方式，一方面是自我满足的现代迷信。也正是这种依附于公共整合权力的现代迷信，才会在无神论的巨大符号之下，依旧具有及其强大的社会影响力；而那些依据官权力而得以建构为大师级、影响社会的方士巫师，也才会具有如此巨大的官场辐射功能。

仔细梳理官巫之间的互动特征，不能发现这些官员与其当代巫仙大师之间所具有高度的一致性。除了双方皆以私人式、依附性的、秘密的形式进行权力——巫术间的互动之外，他们还都具有一种"权"与"术"之间的交易与互惠。一个权力，一个巫术；"权"以"术"而运作，"术"因"权"而盛行，最后构成为当代中国官场、中国社会最最难解的"权术"、"权术迷信"及其运作方式。难怪当代中国社会大众在遭遇难题、跪求官员干部不得解决之时，也只好模仿这些"父母官"，频繁地求助于巫师、神仙，而不会去诉诸于法律。人们宁可俯从强势官员的恩赐，宁可膜拜巫师方士的神力，也无法信任法律。本为公共之权力，被术数化为神秘。为此，言之为现代迷信之中的"巫术中国",似有其深意在焉!

因此,公共权力不仅构成大师王林的护身符,而且也使其巫术被建构为官员眼中的现代迷信,方才影响巨大;而王林也扮演为指点官场迷津、为刘志军安置"靠山石"的当代方士。仅凭王林手中的那点杂耍技巧,他妄想整出今天这么大的动静。

中国著名思想家王夫之在其《读通鉴论》卷十七"梁武帝"一则里说道:"佛老之于申韩,犹鼙鼓之相应也,应之以申韩,而与治道弥相近矣。……呜呼!其教佛老者,其法必申韩。……其上申韩者,其下必佛老。"以此考之现代迷信及其官场巫术乃至当代权术,不亦宜乎?!

如果说,毛泽东时代的现代迷信是出自于个人崇拜及其权力的迷信,那么,时下里的官场巫术无疑就是这种现代迷信的一种变异,依旧是对权力、权术的崇拜与迷信,"不问苍生问巫师"的必然结果。倘若是民主的、公正的、为民所赋的权力,实际上就用不着私密问询于方士,寄托于风水方术才能稳定控制、保证其升迁业绩、公正为官;而致力于申韩模式的稳定,其下则难免其官员不与巫术方士之合作、孜孜于权术运作、私心膨胀。

所谓官场巫术及其王林现象,无疑就是官方权力潜规则的建构而已。为此,公共权力的民主化与理性化之时,便是官场巫术、现代迷信的消失之日。舍此路径,岂有他哉!

第二部分
党、国与改革

21. 今天我们如何谈政治

■ 杨军　南风窗执行主编

2013年，柳传志在小范围内和企业家的一场谈话中说："从现在起我们要在商言商，以后的聚会我们只讲商业不谈政治。"这句话被公之于众后，引起了轩然大波，掀起一场企业家要不要谈政治的讨论风暴。

社会学家奥本海把获取资源的方式分为经济手段和政治手段，前者是平等交换，后者是无偿占有别人的成果。政治秩序是社会存在和发展的基本条件，健全的市场经济，应该是用良好的政治秩序，消灭获取资源的政治手段，为经济手段制定合理的规则。

在中国实行市场经济之后，崛起了两类完全不同的企业家，一类是政治企业家，官商勾结，靠政治特权做大企业，一类是柳传志、马云这样的市场企业家，走市场化道路，在竞争中做大企业。显然，后者才是真正的企业家，他们小心翼翼地避开官员腐败的灰色地带，在现有规则下靠智慧、才干、视野和格局，做起一个企业帝国。这类企业家，似乎和政治离得很远，甚至主动回避政治。

不做政治企业家的商人是值得尊敬的，他们是市场经济的支柱，但是，市场企业家不等同于远离政治。韩国第一位女总统朴槿惠访华期间说过两句话：要走得快，就一个人走；要走得远，就要一起走。没有人什么也无法实现；但没有制度，什么都无法持续。这两句话套在企业身上同样合适，闷声发大财，也许可以少些外界的羁绊，走得快一点，但如果大环境变坏了，企业能一枝独秀吗？

所谓不谈政治的企业家，并不能完全避开政治，行业标准的制定、涉及自身利益的相关政策的出台等等，企业肯定会发声。不谈政治，不过是回避政治的公共属性，事不关己的时候便高高挂起。

企业家要不要谈政治的话题之所以引起巨大关注，不仅仅因为这些人有巨额财富，更因为这个话题正中社会节点。在这里，这些人的身份重点不是企业家，而是精英、有社会影响力的人。

现在有一种奇怪的现象，大多数普通人，不管和朋友私下聊天时有多少不满，一到公共场合全变了论调，因为不良政策不是针对某一个人，而是一个群体，所以群体中没有个体愿意出头。成年人的群体，谁都不愿意做国王的新衣中那个说真话的孩子，即使活得卑微、扭曲和压抑。但是作为力量有限的普通人，往往寄希望于这个社会的强者即精英阶层能为自己代言。

不知道从什么时候起，中国的一些精英变得越来越"聪明"，他们深谙潜规则，不关心别人的命运，不再有家国情怀，只想方设法保障自己的利益。虽然精英犬儒化的批评不绝于耳，但依然于事无补。

强者也好，普通人也好，如果所有的人都只局限于自己小小的领地，不关心政治的公共领域，终有一天，社会中的每个人都会觉得不安和不适。是时候，关心政治了。

孙中山先生曾说：政为众人之事，治为管理，所谓政治就是管理众人之事。众人之事，自然和每个人息息相关。我们建设什么样的国家，我们想要什么样的生活，我们需要什么样的空气和食物……这些都是政治，如果没有人关心和谈论政治，我们将永远生活在一个糟糕的世界上，没有一个人、一个企业能逃脱悲惨的命运。

"没有伟大理想的国民,我们如何建立一个伟大的国家?"

哈维尔说:当前最大的问题是,我们生活在道德沦丧的环境中,我们都是道德上的病人。我们已学会不相信任何东西,不再关心别人而只顾自己……我们大家都多多少少对这部极权机器之得以运行负有责任。我们当中没有一个人仅仅是这部机器的受害者。要知道它之所以能运行,我们每个人都曾出了一份力。

台湾陆军下士洪仲丘遭虐致死,一个普通士兵的死,却出现"万人凯道送仲丘"的场面。数十万民众为什么走上街头?因为他们终于意识到,如果没有良好的制度,如果都不关心政治,每个人都可能是洪仲丘。这不是社会动乱,他们整齐有序。

不是一说政治就是意识形态、血腥、革命、暴乱、运动,这是对政治的狭隘理解。在这个普遍富足的和平年代,没有人希望动荡,只是开创好的政治环境,需要各个利益主体都要负起对自身、对整体的责任,通过顺畅的表达,让社会在充分博弈中达到均衡。这既是普通人也是社会精英的责任所在。

早在十六大报告中,就已经提出了"政治文明"的概念,要"不断促进社会主义物质文明、政治文明和精神文明的协调发展,推进中华民族的伟大复兴"。走向政治文明,必将从暴力政治走向协商政治。而协商政治,需要每个人关心政治,谈论政治,参与政治。

22. 中国需要的不是复兴，是重生

■ 南方朔

前几年，牛津大学名誉博士福达多（Peter Furtado）编著了一本论文集《国家的历史：认同的打造》。书中有关美国的那一章，由美国弗吉尼亚大学的杰斐逊讲座教授欧努夫（Peter Onuf）执笔。

欧努夫教授指出，美国在开国元勋那一代，曾经很严肃地思考过民族及国家的定位。美国立国前是英国殖民地，而且多数人是英国移民的后代，但美国是从英国手中独立而来的。因此以当年的历史来定义这个新兴国家是不对的，那么到底要如何自我定义呢？最后美国的选择是以国家的进步和国民的幸福作为定义的标准。美国开国元勋的选择是以未来定义现在，而不是以过去来定义现在和未来。美国的自我定义可以用汽车大王福特于1916年所说的那句更刺耳的名言作为注脚。他说："所谓历史，不过是一堆废话；我们活于现在，唯一有意义的历史乃是我们正在写的历史！"

一个国家如何创造自己的认同，也就是如何叙述自己的历史，的确对自我的群体意识至为重要。中国在20世纪初，为了创造自我的认同，以一种类比的方式，设定出了中华民族的概念，那是一种相对于西方列强民族国家而建构出的自我防卫性概念。它是当时中国人民的团结符号。

而我们都知道，在中国积弱的时代，列强的欺辱，国脉的存亡，即已

是铁铮铮清楚不过了的事实,因此中华民族这个建构起来的团结符号纵使不清楚,也自然而然地会变得很清楚。在以前的时代,不管什么样的场合,只要有人呼出"中华民族不会亡"、"驱逐满清,以建中华","中国一定强"这种口号,一定会有排山倒海的响应。情境造成的国情符号,因为情境已很清楚,团结符号清不清楚事实上已不是那么重要。弱者未来就有讲不清楚的权利!

但今天之情势已变,中国已不再是弱者,而是世界第二强,而且还可望成为第一强。这时候,中国人讲团结符号就有讲清楚的义务。当中国在讲"中华民族复兴"、"大国崛起"以及"汉唐盛世"诸如此类的比喻时,对听过的人而言,乃是他们记忆中的中国历史经验都全部活了回来!

就以中国和平崛起、中华民族复兴这个题目而言,新加坡的李光耀即发表过他的评论。他说根据中国当前的教育,他实在很担忧中国的下一代会是个对周遭国家颐指气使的霸道国家,中国的崛起勾起了中国以前把东南亚国家视为"藩属"的历史记忆。

因此,李光耀遂主张美国继续留在亚洲作为对中国的制衡,他也希望印度崛起,制衡中国。李光耀不是个对中国有敌意的领袖,他和中国历任的领袖都情意甚笃。连李光耀都对中国未来的复兴忧心忡忡,其他国家可想而知。

当人们用过去来定义现在和未来,就应知道,历史其实是个多面刀,历史中有很多好东西,但也有很多坏东西。汉唐是盛世,但汉唐也是中国主宰韩国和越南相当大部分的时代。中国在没有积弱之前,曾有相当长的时间是中华帝国,当我们在谈中华民族复兴时,我们不要忘了中华帝国的那段历史,中国人不记得,其他国家可都记得。

也正如此,在中国崛起、中华民族复兴的这个时代,我遂主张中国在新认同的创造上,不宜用历史性的比喻和概念,应该用指向未来的概念。用未来定义自己的国家和民族才真正有利于国家民族的重生。中国现在需要的不是复兴,而是重生!

今天的世界有许多国家都对中国寄予希望,希望未来的中国持续进步,对世界的和平作出贡献,也能对人民的幸福有所献替。如果用过去来定义现在和未来,是达不到这个目标的,只有用未来的愿景定义现在,才可能替国家民族找到重生的坐标,这也是我对中国的期望!

23. 我们如何叙述中华民族

■ 李北方　南风窗主笔

伴随着崛起、复兴等政治经济话语的萌兴和确立，在文化上向传统价值回归的势头也愈发兴盛了。比如汉服热、国学热和儒家宪政主义思想的抬头，比如各类以官方的或民间的名义举办的祭黄帝和祭孔仪式，再比如一些社会活动家和民意代表在大力推动将孔子诞辰日定为教师节，把孟子诞辰日定为中国的母亲节（取"孟母三迁"之意）以替代西方的母亲节等等。

这些举动的目的大抵是寻找可以将全民族凝聚起来的价值纽带，出发点不可谓不好，但是其中强烈的汉民族中心主义色彩很可能妨害目的的实现，甚至产生反作用。因为中国目前面临的挑战便包括民族问题和与民族隔阂有着千丝万缕联系的边疆分离主义倾向。

鉴于此，我们需要一种更具统合作用的政治文化和民族叙事。

中国是一个统一的多民族国家，56个民族56只花，共同构成中华民族。何谓民族？根据民族主义理论，民族是由地域、文化、语言、宗教等因素共同决定的人类共同体。何谓中华民族？费孝通先生的概括是这个概念的经典表达："中华民族作为一个自觉的民族实体，是近百年来中国和西方列强对抗中出现的，但作为一个自在的民族实体则是几千年的历史过程所形成的。"

数千年中，在中国的疆域内生活着不同的民族单位，各自产生了自己独特的文化和语言，信仰不同的宗教。这些民族处于持续的交往中，"经过接触、混杂、联结和融合"，"形成一个你来我去、我来你去、我中有你、你中有我，而又各具个性的多元统一体"。从政治上，王朝的版图历经变化，中央王朝通过贸易、和亲、缔约、战争等方式，逐步将边疆纳入中央政府的管理之下。到了清朝，中国呈现的是一个多民族帝国的姿态，但并未形成统一的民族认同。

中华民族的概念是20世纪初才出现的，是中国应对西方列强的侵略和主动学习西方民族主义知识的产物。正是列强的欺压，使得中国疆域内的各民族感受到了共同利益的存在和团结起来争取民族独立和解放的迫切需要。止如清朝末年一位满族知识分子所说，"国兴则同受其福，国亡则俱蒙其祸"，中国各民族"利害相共，祸福相依，断无利于此而害于彼之理"。

因此，与西方民族主义思想首先将民族视为一个文化实体的思路不同，中华民族一开始便是作为一个政治的和历史的概念提出来的。朝鲜、日本、越南等都曾经属于所谓的"儒家文化圈"或"汉字文化圈"，而在新疆和西藏占主导地位的分别为伊斯兰文化和佛教文化，但是后者而不是前者被纳入中华民族的范畴，原因正在于此。

从理论到实践，还有很长的路要走。中国建立现代民族国家的任务直到1949年才完成，对于一个个普通的中国人而言，作为中华民族一分子的意识也是1949年后才真正逐步确立起来的。这个过程仍然是政治的：通过土地改革、废除封建人身依附关系等平等政治的实践，各族人民才切实地体会到融入作为政治共同体的中国的感觉；也只有这样的历史背景下，才会有"翻身农奴把歌唱"，才有可能出现库尔班大叔执意要骑着毛驴上北京的感人故事。

我们可以将费孝通先生的论述向前推进一步：作为一个自觉实体的中华民族是在中国近现代的革命历史中产生的。这里的革命是双重的，既包括以民族独立为目标的民主主义革命，也包括以实现平等为目标的社会主义革命。反过来说，离开了中国革命的历史，中华民族就无法被叙述，甚至这个概念本身都不能成立了。

中华民族的理论构建是超越了民族主义理论的，中国的民族问题也是民族主义的知识所无法解释的。但近几十年来，历史虚无主义盛行，一些知识分子采取了极端的去政治化的立场重构历史记忆，将中国革命污名化，给了民族分裂主义可乘之机。而一旦在政治上主动解除了理论武装，就会导致在面对问题时缺乏自信，只能回到苍白的维稳逻辑上去。一些希望维护民族团结和国家统一的人也采取了去政治化的立场，一提到民族和传统，就离不开孔孟之道，表现出对历史的认识和对未来的想象都极度匮乏。

突破这一危机的途径并不难寻，那便是诚实地面对历史，珍视中华民族在漫长的中国革命历程中确立起来的主体性，反对历史虚无主义，反对一切美化侵略和压迫以及丑化革命和抗争的伪历史叙述，以此确立中华民族叙述的根基。非此，中华民族的概念便无以立足，遑论民族的崛起或复兴了。

24. 中国为什么不会崩溃？

■ 贝淡宁（Daniel A.Bell） 清华大学理论学和政治哲学教授、比较政治学哲学研究中心主任

有人预言中国的政治结构会崩溃。这种耸人听闻的预言假定了民众对政权感到不满。其实，大部分中国人看起来并不反对一党执政的国家体制。自1990年代以来，西方和中国学者就中国政治权力的合法性进行过很多次大规模调查，到现在为止，他们基本上达成共识：中国政治体制的合法性非常高。研究人员对调查进行过修改以避免受访者撒谎，但结果总是一样的。

民众虽然存在一定程度的不满，但主要指向地方政府，中央政府被视为中国政治体制中合法性程度最高的部分。在没有采取自由竞争选举国家领导人的情况下，中国政府是如何获得这么高的合法性呢？西方人困惑不解，其实，中共的成功得益于非民主的合法性源头。

第一个源头是"政绩型合法性"（performance legitimacy），意思是政府的首要选择是民众的物质生活幸福。这个观点在中国有悠久的历史根源，孔子本人就说政府应该让民众生活富足，今天中共政权的大部分合法性源自它有能力让中国民众过上富足的生活。

非民主合法性的第二个源头是贤能政治：即认为领袖应该具有超越普

通人的能力，会做出符合道德要求的判断。这种观点有根深蒂固的历史渊源。在皇权时代的中国，士大夫的能力就是通过公平公开的科举考试体现出来，这使他们拥有不寻常的尊重、权威和合法性。

政治调查显示中国人仍然认可这个观点，即关心民众需求的高质量政治领袖比确保民众选举权的程序性安排更加重要。最近几十年，中共的合法性得到提高，因为它已经转变成为更加强调择优选拔的组织，越来越重视考试和教育，并以之作为选拔领导干部的依据。

非民主的合法性的第三个来源是民族主义。合法性的重要方面可以被称为意识形态合法性：中共政权试图用体现在教育体系、政治领袖的演讲和公共政策中的观点向中国人表明其道德正当性。中共的理论基础当然是马克思主义原则，但也越来越多地求助于民族主义以获得"意识形态合法性"。19世纪中期，中国遭受列强侮辱，民族主义开始高涨，中共领导中国在1949年建立了相对安全的国家，直到今天，它还经常提醒中国人中共是中华民族的保护者。

总而言之，中共在民众眼中拥有广泛的合法性，人们不应该感到惊讶。不过，如果没有实质性的政治改革，中国政治合法性的非民主来源将难以为继。

随着经济条件的变化而变化。中国崩溃论者常常指出一旦经济出现问题，政权就会陷入麻烦，但这个观点不一定正确。如果中国领导人仍然被视为危急时刻经济的最好管家，其合法性在危机时刻反而能够增加。

真正的麻烦在于中国消除了贫困之后。正如孔子建议的，在民众的温饱问题解决之后，政府就要转向民众的教育，即促进民众的道德水平和智慧发展（子适卫，冉有仆。子曰：庶矣哉！冉有曰：既庶矣，又何加焉？曰：富之。曰：既富矣，又何加焉？曰：教之），人的最高程度的自我实现就是把在家庭中学到的爱心和责任扩展到社会。在实践中，这就意味着中国人有更多机会积极参与政治活动，也意味着更多的言论自由。

第二，贤能政治强调的择优选拔不仅指才干和能力而且包括道德品质。在过去，道德正当性来自精英对儒家价值观的承诺，但是今天，官员中出现许多道德败坏的人，官员们缺乏对限制其自私欲望的道德体系的严肃承诺。人们认为，中国的官员们应该为全体国民的道德水平负责。如今世风日下，道德沦丧，如果听任这种局面发展下去无所作为，执政党的领导权将受到威胁。因此，有必要对官员以及整个社会进行更多的道德教育。

民族主义也对中共的执政也产生困扰，它需要采取更加人性化的形式。中国的"文化民族主义者"已经在呼吁诸如社会和谐以及关爱等传统儒家价值观的复兴。正如美国人对自由和民主等"美国"价值观感到自豪一样，中国人对"中国的"价值观也感到自豪。当然，真正的挑战是必须尽最大努力缩小理想与现实之间的差距。

25. 马克思也是民主派

■ 郭凯　南风窗高级编辑

　　由于种种历史的、国际的和国内的原因，不少人都误以为马克思主义是不包含民主理论的。但事实上，马克思曾对巴黎公社以普选选举制为代表的民主制度做出过高度评价，并将其推崇为社会主义政体的典范。马克思在《法兰西内战》和其他有关巴黎公社的写作中对巴黎公社民主制度的分析，是其整体思想理论体系中非常关键的部分。虽然马克思对社会主义经济制度的设计缺乏经验支持，但巴黎公社却为马克思对社会主义政治制度的设想提供了经验基础。

　　俄国十月革命后，马克思对巴黎公社的民主本质的强调在苏联逐渐被遮蔽，就这一历史，蒙蒂·约翰斯顿（Monty Johnstone）有过专门评述。1918年，列宁以军事力量为后盾关闭了制宪会议，取缔了出版自由，以罗莎·卢森堡为代表的欧洲马克思主义理论家对此做出严肃批判，指责苏共背离了马克思主义。列宁和托洛斯基辩解说卢森堡所坚持的是经典马克思主义，而列宁他们是根据俄国现实改变了马克思战略。1919年，苏维埃基本上丧失了社会民主功能。到1921年，苏维埃最初所容纳的所有其他政党已悉数被取缔。而在苏共党内，1921年后《真理报》也不再是党内不同意见的讨论平台。蒙蒂·约翰斯顿在《社会主义、民主和一党体系》中，彼特·宾斯（Peter Binns）等作者在《从工人的国家到国家资本主义》中，都描述了苏联所经历的复杂转变，解释了为何到了1927年，人们再也看不到1917年的民主了。

苏联的政治权力结构，与佩里·安德森（Perry Anderson）笔下的欧洲历史上的绝对主义君主国家类似，差别则是以一个核心统治团体的绝对权力代替了历史上的皇室绝对权力。这种绝对权力的统治与民主相背离，决定了社会主义在其下不可能存续。对马克思主义抱有深刻同情的非马克思主义政治经济学家约瑟夫·熊彼特认为，真正的社会主义只有在英国那样的成熟民主国家才有可能成功。在《资本主义、社会主义与民主》中，熊彼特深入阐释了没有民主支撑的社会主义经济制度将无法维系。而当今世界在民主政治制度下早已发展出的福利资本主义，也远远优越于社会主义消解后在绝对权力下涌现的原始丛林资本主义。

马克思晚年时目睹了英国等国家的民主制度发展，提出在英国和荷兰这样的国家，工人是可以通过和平方式实现自己的目标的。事实上，欧洲的马克思理论研究圈还有一种观点，认为如果马克思能够更长寿，目睹更多的欧洲民主的发展和普选权给政治经济带来的变化，马克思则可能会自然转变为社会民主党的一员。现实中，二战后以民主制度为依托，英法德等西欧国家普遍推行了福利资本主义制度，在不干预生产或有限干预生产的同时，从分配环节以税收进行财富调节，建立了对住房、失业、医疗和教育等领域的全面保障。社会民主党长期执政的北欧国家，在福利保障制度之外，通过深度的财富再分配，还将财富和收入差距降到了非常低的程度，是当今政治权利和经济权利最平等、与"自由人的联合体"的设想距离最近的社会。

在中国，仍然是目前执政党思想源泉的马克思主义，对现今改革的重大价值，就在于俄国革命后被掩埋的马克思主义的民主观。正如尼科斯.普兰查斯（Nicos Poulantzas）在《国家、权力和社会主义》中所表达的，民主的社会主义是社会主义的唯一可能形式。社会主义要么将是民主的，要么就不是社会主义。同样的，没有民主，资本主义也会退回到原始丛林资本主义。

26. 国家权力的两面性

■ 包刚升　复旦大学国际关系与公共事务学院讲师

11月12日,中共中央十八届三中全会公报指出:"全面深化改革的总目标"包括"推进国家治理体系和治理能力现代化"。治理能力尽管作为学术概念早已出现,但还是首次进入中共中央文件。会议公报还多次使用"治理"、"社会治理体制"等字样。早在16年前,世界银行出版的《变革世界中的政府(1997年世界发展报告)》就聚焦于治理问题。世界银行认为,"善治(good governance)"或"有效治理"是一个国家——特别是发展中国家——实现发展的关键。而实现有效治理需要相应的治理能力。因此,实现"治理能力现代化"是一个非常重要的问题。

旧体制的思想遗产如何理解国家治理能力呢?不少人对此存有误解。比如,有一种观点认为,政府的职能范围与权力的控制范围越大,国家治理能力就越高。这种观点实际上是旧的计划经济体制与全能主义国家治国思想的遗产。他们在潜意识中认为应该建立一个无所不包的国家——政府既能控制政治领域,又能控制经济、社会、文化与思想领域。这种国家形态尽管曾经在20世纪出现过,但都无法实现长治久安的治理。这类国家的治理能力是不可持续的。《变革世界中的政府》也提醒发展中国家:政府擅长的事情是有限的,而有效政府的关键在于做好政府擅长的事情,而不是无限扩大政府掌控的范围。该报告开头即提出，为了实现有效治理，首先需要确定政府的"作用应该是什么"，政府"能做什么和不能做什么"。认识到政府不能做什么，恰恰是现代治国思想的智慧。

第二种观点认为，政府的自由裁量权越大，国家治理能力就越高。他们甚至认为，政府权力受到约束会削弱治理能力。这也是一种典型的误解。从历史上看，绝对主义国家的自由裁量权要高于立宪主义国家，传统君主国政府的自由裁量权要高于现代民主法治国家，但实际上前一类国家的治理能力是高度不稳定的，而且通常都会不断弱化。在最近曝光的返乡6次办理护照的事件中，江苏某县公职人员就随意行使自由裁量权，结果是削弱了治理的有效性。在此类事件中，公职人员的自由裁量权越大，就越有可能损害公民的权益，也越有可能创造寻租与腐败的机会。而凡有过此种经历的公民容易对政府部门产生不满，甚至丧失对政府的信任。两者都可能会削弱国家治理能力。

甚至还有第三种观点认为，各级别领导人的个人权力越大，国家治理能力就越高。有效的治理能力当然需要一个有效能的行政部门，但这并不意味着该部门领导人的个人权力越大越好。反腐败中落马的一些所谓"政治强人"都昭示着：无论是哪个级别的领导人，一旦个人权力过大、不受约束，都有可能破坏政府的正常功能与行政的有序运作，结果反而是损害了治理能力。

国家治理：两种权力的分野在理解国家治理能力问题上，美国加州大学迈克尔·曼教授对两种权力的划分富有启示。他把政治权力划分为专断性权力与制度性权力。国家在行使专断性权力时，无须与社会协商，可以独断专行。因此，专断性权力的基础是强制力，决策过程可能比较迅速，运行方式是自上而下式的。

尽管专断性权力看似一种"雷厉风行"的权力，却存在两个问题：一是这种权力具有较高的随意性，权力执掌者甚至可能"为所欲为"，这与现代国家要求的科层制管理和稳定预期会发生冲突；二是这种权力更有可能做出社会不欢迎的决策，这样就容易遭到社会的抵制甚至反抗。反之，国家在行使制度性权力时需要与社会协商，需要征得社会的同意和寻求社会的支持。因此，制度性权力的基础是国家与社会的有效互动，以及被治者的合作与服从，运行方式则是自下而上式与自上而下式的结合。尽管国家在行使制度性权力时决策过程看似缓慢，但由于决策过程中存在国家与社会的有效互动，重要决策事先已得到社会的多数支持，其执行效能与效率便会大大提高。

在古代世界，一些貌似强大的传统君主制国家拥有的其实是较强的专断性权力。这种专断性权力固然展示出强大的威慑力与巨大的能量，但由于无法与社会形成稳定的良性互动，往往无法形成可持续的治理能力。反之，现代民主法治国家更多地依靠制度性权力，这种权力要求构建政府与公民的正确关系，其基本特征应该包括：统治应基于被治者的同意；政府应对社会具有良好的回应性；政策应反映公民的需要与诉求。

因此，现代国家的治理能力建设应该着眼于制度性权力，而非专断性权力。以征税为例，专断性权力的做法是国家单方面确定税率。由于政府无须与社会协商，其长期趋势可能是税负不断加重。此种模式下，由于社会与国家缺少正式的互动机制，社会的反应只能是消极的抵制或抗争。如果国家的专断性权力足够强大，最终税率可能会高到社会难以承受的程度，其直接后果是"掠夺型统治"与经济衰败。而制度性权力的做法是征税首先需得到社会的同意，并由国家与社会协商确定税率。这样，一方面更有可能确定一个较为合理的税率，另一方面社会成员更有可能服从既定的税则。这样才算是在征税问题上实现"国家治理体系"与"治理能力"的"现代化"。

再以公共服务为例，专断性权力的做法是国家单方面确定提供公共服务的数量与质量。一个可能的长期均衡是国家只提供不致妨碍其统治的最低限度的公共服务。例如，古代君主大规模修筑道路并非是出于其国民出行便利的考虑，而是为了快速调遣军队的需要。这样，社会很可能会面临基本公共服务的短缺。而制度性权力的做法是国家与社会协商确定政府提供公共服务的数量，这就能更好地反映社会对公共服务的需求。在现代社会，有效治理的重要标志就是政府提供必要且充足的基本公共服务。这里也可以看到制度性权力与专断性权力的分野。

国家治理能力建设的关键是要加强制度性权力，而非加强专断性权力。从传统国家治理体系向现代国家治理体系转型的关键，也在于从国家单方面支配社会，过渡到国家与社会的有效互动与互相制衡。这就需要重构国家与社会、政府与公民、政治权力与政治权利的关系。现代国家治理能力建设的重点，是如何做到既实现社会有效控制国家、又实现国家有效管理社会。倘若国家行使权力时无须与社会协商，倘若公民没有掌握最终有效控制政府的手段，政治权力几乎必然会异化，这样就难以实现治理能力现代化。

基于此种思考，未来的国家治理能力建设需要考虑三个关键问题：第一，如何发展和完善民主制度？制度性权力的基础是政府的基本方针、人事构成及具体政策能反映整个社会的需要与诉求。只有落实民主制度，让选票起到更大的作用，才能实现治理能力现代化。

第二，如何有效制约和监督政治权力？如果政府职能范围可以任意扩大，权力行使过程可以为所欲为，就无法实现治理能力现代化。有效治理意味着政治权力需要受到制约，核心是两个：一是人民必须拥有控制政府的手段，二是政府内部应有权力制衡的约束机制。

第三，如何有效确保公民的政治权利？约束政府的政治权力与确保公民的政治权利，是一个硬币的两面。普通公民政治权利得不到保障的社会，政治权力必然是不受约束的，因而也无法加强制度性权力。这就需要发展和完善法治。只有"法治中国"，才有"善治中国"。只有解决好这三个主要问题，其他具体政策与辅助性措施的改善才有意义。

联合国亚太经济与社会委员会（UNESCAP）认为，实现有效治理，需要从保证公民参与，落实法治、强调公共决策的共识导向、实现所有公民的政治平等、提高透明度、强化责任政府与问责制、改善政府对公民需求的回应性以及提升政府效能与行政效率等8个方面入手。这也可以被视为联合国对亚太地区国家"推进国家治理体与治理能力现代化"提出的建议。

此外，如何衡量国家治理体系与治理能力现代化的程度呢？目前最流行的方法是"世界治理指数（World Governance Indicators，简称 WGI）"。世界银行推出的这一指数由6个指标构成，分别是：公民表达与政府问责、政治稳定与低暴力、政府效能、管制质量、法治以及控制腐败。世界银行认为，国家治理体系与治理能力现代化的目标，应该是更强的政府问责、更高的政治稳定与更少的社会暴力、更高的政府效能、更高的管制质量、更完善的法治以及更少的腐败。按照世界银行2012年的评估，中国的国家治理体系在百分制中的得分，大致与中下等收入国家的平均水平相当。也就是说，中国目前国家治理体系的分值是与其人均GDP水平相称的。

值得注意的是，中国在"政府效能"项目上的得分（55.98分）超过了中上等收入国家的平均水平，这意味着中国行政系统的质量与行政效率总体尚好。但中国在"公民表达与政府问责"项目上的得分偏低。尽管这一问题见仁见智，但世界银行的评估报告无疑给我们一个提醒：如果中国要实现现代国家治理体系，下一步亟需提高公民政治参与和强化政府问责；否则，就难以实现治理能力的现代化。总之，"推进国家治理体系与治理能力现代化"的关键是制度建设，接下来需要明确国家治理能力建设的愿景、路径、步骤与时间表，并能采取切实有效的行动。

27. 与"官国"传统彻底决裂

■ 李北方　南风窗主笔

"我们跟国民党相反，他们是以一个贵族的姿态、老爷派头在人民中出现，我们是以一个普通劳动者的姿态在人民中出现。"

这是1958年9月毛泽东在第十五次最高国务会议上讲过的一句话。在约两年前，即1956年11月举行的中共八届二中全会上，毛泽东从相反的角度表述过相同的意思：

"我们一定要警惕，不要滋长官僚主义作风，不要形成一个脱离人民的贵族阶层。谁犯了官僚主义，不去解决群众的问题，骂群众，压群众，总是不改，群众就有理由把他革掉。我说革掉很好，应当革掉。"

在毛泽东的语录中，这两句不算很著名，却非常重要，因为它反映的是毛泽东建国后的思考和实践中最重要的议题之一：反对官僚主义，防止先锋党的蜕变。"治国就是治吏"，这是毛泽东读《资治通鉴》的心得，那么在新中国，治国首先自然就是治党。

习近平总书记在中央纪念毛泽东同志诞辰120周年座谈会上说，"实现中华民族伟大复兴，关键在党"，他要求"全党要牢记毛泽东同志提出的'我们决不当李自成'的警示"，"增强党要管党、从严治党的自觉"，"凡是损害党的先进性和纯洁性的病症都要认真医治"。这与毛泽东的治党思想可谓一脉相承。

让国家服务于社会

谢觉哉曾经说过，毛泽东是第一个与中国的"官国"传统彻底决裂的领导人。这个评价切中肯綮，任何一个对中国源远流长的"官本位"文化有所了解的人，都清楚这种决裂的非凡意义。

毛泽东对官僚主义深恶痛绝，谈到这种现象时，他的话往往带有强烈的感情色彩，不乏揶揄挖苦之语。他这样说过："官气是一种低级趣味，摆架子、摆资格、不平等待人、看不起人，这是最低级的趣味，这不是高尚的共产主义精神。以普通劳动者的姿态出现，则是一种高级趣味，是高尚的共产主义精神。"

普罗大众无不期盼清明的政治，所以人民群众基于朴素的情感崇敬毛泽东。但是，反官僚、反特权的斗争绝不仅是道德和审美层面的问题。共产党为什么要区别于以前的国民党？共产党人为什么不能搞官僚主义？共产党人为什么不可以蜕变为贵族和老爷？这些问题也是重大的政治和理论问题。

党带领人民革命，第一步是取得全国的政权。在取得政权之后，便要面对政权和人民的关系问题；切换到"主流的"术语，就是如何处理国家和社会的关系。

在马克思主义理论的视野中，国家不是外在强加于社会的力量，相反，国家是社会发展到一定阶段的产物，它"源起于社会，但把自己置于社会之上，并且持续与社会发生异化"。

理论上，无产阶级革命的目标是最终消灭国家，但在达到这个目标之前，需要有一个过渡阶段，这时"根除阶级的存在所赖以维持、从而阶级统治的存在所赖以维持的那些经济基础"（马克思，《法兰西内战》）的变革已经完成，即生产资料的私有制被废除了，于是国家就成了"反对国家本身"的了，成了"人民为着自己的利益重新掌握自己的社会生活"的工具。

这只是理论上的论述，实现起来远没有这么容易，只能靠后来者的探索。

毛泽东领导的中国共产党人如何解决国家权力异化这个难题呢？已故美国著作学者弗朗兹·舒尔曼对之的理论总结是，实现这个目标的中枢是党：党领导国家，但党扎根于社会之中，通过群众路线的政治实践，党代表社会的意志，也就是人民群众意志。于是，国家虽仍然存在，但国家不再是凌驾于社会之上，而是服务于社会。换句话说，通过党，社会驯服了国家。

这便是人民民主体制运行的内在逻辑的最简洁表述。

官僚主义是民主的死敌

党如何才能代表社会（也就是人民群众）的意志，并且在领导国家机器的过程中服务于社会？唯有坚持"从群众中来，到群众中去"的群众路线。一旦出现了官僚主义，党的领导干部"不去解决群众的问题"，反而是"骂群众，压群众"，那么群众路线就被破坏了。连带的后果是，党不再能代表社会的意志，蜕变为控制国家机器的"贵族"或"老爷"，国家就又变成凌驾于社会之上的赤裸裸的权力了。

一句话，官僚主义会瓦解掉人民民主。

在马克思主义的思想脉络里，对官僚主义问题的认识是一步步前进的。马克思没有考虑过官僚主义的问题，基于巴黎公社的经验，他认为无产阶级政权下没有官僚机构存在的基础，公社消除了职业官僚和常备军，公职人员由推荐和选举产生，只拿跟工人差不多的工资，而且随时可以撤换，官僚化就不可能了。恩格斯认为，这样就可以防止国家和国家机关由社会的公仆变成社会的主人。

但是，巴黎公社的经验不足为大国之鉴，因为它的规模小，而且仅仅在外敌压境的特殊条件下存活了两个月。

苏联受官僚主义之苦是最惨痛的。列宁一开始也没有意识到这个问题，在十月革命前夕，他的观点还是社会主义不可能存在官僚主义。革命胜利后不久，他开始意识到官僚主义的倾向，可惜他过早去世，没能对此做出充分的思考和实践。在临终前的病榻上，官僚主义已经是让列宁揪心的问题了。

苏联一直没能认真面对官僚主义问题，根据莫里斯·迈斯纳的概括，苏联的主导思想是，生产资料的共有制加上大规模工业化建设，就会自动导致社会主义的实现。显然这个理论是不成立的，最终官僚主义这个蛀虫导致了苏联这座大厦的坍塌。

社会主义阵营的经验教训只是一个方面，毛泽东对官僚主义的问题更早就开始了，这可能要归于他对"官国"传统的深刻认识。建国前夕在西柏坡举行的七届二中全会上，毛泽东就预见到，"可能有着有一些共产党人，他们是不曾被拿枪的敌人征服过的，他们在这些敌人面前不愧英雄的称号；但是经不起人们用糖衣裹着的炮弹的攻击，他们在糖衣炮弹面前要打败仗。"

建国后的第一场大规模整风运动是1951年底发起的"三反五反"运动，"三反"指的便是在党政机关中进行"反贪污、反浪费、反官僚主义"的斗争。"三反"历时近一年，共查出贪官120.3万，其中县以上干部4029人。与该运动同时开展的整党工作持续时间更长，共开除党员23.8万人，劝退9万人。

1952年初，刘青山、张子善因贪污被处以死刑。毛泽东后来说，"我们杀了几个有功之臣也是万般无奈……杀他们两个，就是救两百个、两千个、两万个啊……问题若是成了堆，就是积重难返了啊。崇祯皇帝是个好皇帝，可他面对那样一个烂摊子，只好哭天抹泪去了呦。我们共产党不是明朝的崇祯,我们决不会腐败到那种程度。"

此后,政治运动持续不绝,出发点之一也是为了打击官僚主义,遏制党向"贵族"集团蜕变。

先进性、纯洁性与执政的正当性

今天我们讨论的很多问题,毛泽东当年都预见到了。1959年底到1960年初,毛泽东在读《苏联政治经济学教科书》的过程中发表过一系列的谈话,其中就说到,"社会主义社会的发展过程中,还有一个问题值得注意,这就是'既得利益集团'的问题。"此外,他还多次谈过"特殊阶层"问题。

毛泽东对党的"贵族化"倾向如此敏感,如此决绝的展开斗争,除了前述理论层面的理由外,还有实际政治运作层面的考虑,那就是党的领导的正当性(Legitimacy)问题。必须要指出的是,毛泽东并未认为党的领导地位有被动摇的实质性的威胁,所以他对这个现实问题的考虑仍然是理论性的。

中国的王朝政权以"天命"为正当性的来源,皇帝以"天子"之名统御万民,如果皇帝不仁,失去"天命",人民就有权起义。进入现代,主权的载体从天(神)转移到了人民,在承认人民主权的前提下,党的不容置疑的领导地位何以成立呢?对这个问题的回答必须而且只能是:党坚持全心全意为人民服务的宗旨(也就是坚持党的先进性和纯洁性),绝不允许蜕变为"贵族老爷"和"既得利益集团",绝不允许成为代表一小撮人利益的代表。

毛泽东在1965年12月的杭州会议上说:"'天赋人权'也是一种错误思想。什么'天赋人权'?还不是'人'赋'人权'。我们这些人的权是天赋的吗?我们的权是老百姓赋予的,首先是工人阶级和贫下中农赋予的。"

人民赋予了党的执政权力,党就得时刻用行动证明对得起人民的拥护,否则后果很严重:"有些人如果活得不耐烦了,搞官僚主义,见了群众一句好话没有,就是骂人,群众有问题不去解决,那就一定要被打倒。""谁要是搞腐败那一套,我毛泽东就割谁的脑袋。我毛泽东若是搞腐败,人民就割我毛泽东的脑袋。"

官僚主义伤害党的领导的正当性,辜负了人民对党的拥护,为此毛泽东发起数次整风运动,让领导干部不脱离群众,让他们"既当'官',又当老百姓"。但官僚主义的问题一直没有得到彻底的解决,对此他痛彻心扉,晚年毛泽东带着哀伤的口吻说到,"民主革命后,工人、贫下中农没有停止,他们要革命。一部分党员却不想前进了,有些人后退了,反对革命了。为什么呢?做了大官了,要保护大官们的利益。他们有了好房子,有汽车,薪水高,还有服务员,比资本家还厉害。"

反官僚主义到底

毛泽东诞辰120周年前夕,《人民日报》专门发表了一篇评价毛泽东历史功绩的文章,其中说到:"中国共产党在全国执政以后,所处的环境和面临的任务发生了根本变化。毛泽东同志高瞻远瞩,把注意力集中到防止党腐化变质、脱离群众、做官当老爷、形成一个贵族阶层的情况发生上。这是他在新中国成立后一直非常关注的一件大事。他不断向全党敲警钟,并采取了许多重大步骤及具体措施加以防范。"

今天我们能从毛泽东的反官僚主义斗争中吸取什么呢? 1960年代中期以前的历次整风,都是以党内运动的形式展开的,同时也向群众开放,接受群众监督,但总体上还是以"干部批评干部"为主。毛泽东很重视这两方面的作用,1963年11月他在接见阿尔巴尼亚总检察长时说,"对付贪污浪费分子,单靠用行政的办法、法律的办法是不行的,要依靠群众的力量。检察院、法院和公安部门,同党的工作,同群众的工作要配合起来比较好些。比如讲,铺张浪费、贪污分子,他们就是怕群众,叫做上下夹攻,他们就无路可走了。要隔几年整一次。"

但官僚主义的屡整不绝使毛泽东下决心改变方式，从以党内整顿为主改为以群众运动为主，让群众起来冲击党和国家机关。必须承认，毛泽东晚年发动的群众运动有法制化缺位的问题，造成了严重后果，也从另一方面对群众路线造成了破坏。这已经被后来的党的决议否定了。但党从未否定人民群众监督党的权力——事实上，这个权力是不能否定的，因为根据党的政治理念，人民群众是一切权力的来源。

当下的反腐败、反官僚的斗争还需要群众更广泛的参与。习近平总书记在纪念毛泽东同志诞辰120周年座谈会上的讲话中指出，"新形势下，我们要坚持和运用好毛泽东思想活的灵魂"。现在有必要在反腐败领域切实贯彻群众路线，进一步推进群众参与制度化，"上下夹攻"，必将取得更好的收效，也必将提升而不是损坏执政党的威信。

28. 悄悄变化的官场

■ 李克诚　南风窗高级记者

临近年底,周涛越发感受到一股迥异于往常的风气。虽然年终的总结和汇报仍少不了,但"上面"的各种检查、评比和考核却明显少多了。各种会议变少了,吃喝宴请变少了。听说,单位的"年夜饭"也取消了。

周涛是江苏无锡某城区街道办事处的一名主任科员。在中国金字塔式的公务员序列中,周涛属于"体制内"最末梢、但数量最为庞大的一个群体。在刚刚逝去的 2013 年,这批未来的储备干部们与"现役"官员们一样,最先感受到了事情正在起变化:官越来越不好"当"了,甚至成为一种高风险职业,而那些原本属于这个群体所独享的灰色利益和福利空间也被极大地压缩了。

在执政党强力整风之下,"官本位"意识浓厚的中国,正在发生微妙的变化。

好日子不再

周涛曾一度被大学同窗们"鄙视"。2007 年,从国内一所知名大学法学院硕士毕业后,周涛通过公务员考试,来到无锡某街道办报到。与同班同学动辄去国家部委或者法院检察院系统相比,周涛的选择似乎异常

"低调"。但后来，他才发现，自己的收入和福利比其他同学反倒要高出一些。

工作上的事虽有些琐碎，但几年下来，这种波澜不惊、其乐融融的小日子却过得有滋有味。他一度为自己的人生选择了公务员之路而颇为满意。但在2013年，他身边接连发生的几件事，迫使他修正了以往过于乐观的判断。

先是2012年年底，无锡新区鸿山街道80余名干部飞到厦门开一个党工委务虚会，前后历时4天，花费38万余元。此事先被媒体于2013年1月初予以曝光，后又遭到中央纪委的点名通报，街道办党工委书记因此受到撤销党内职务处分，参会人员则自掏腰包、全额承担外出费用。接着，2013年7月份，无锡新区的多个街道的党政办主任10余人在某会所集体聚餐，结果，饭吃到一半，就被人举报。吃饭的官员不仅自掏腰包埋单，还要做检讨。

"当时人心惶惶。"周涛回忆说。巧合的是，他恰好认识两起事件中的相关官员，能感受到那段时间好多官员"心理负担特别大"。这使他突然萌发一种不安全感："你不知道自己在什么时候会因为什么事而被群众举报了。"

实际上，他真的差点就"摊上事"。前不久，有社区群众来到街道办找领导"上访"，领导恰好不在，群众代表就冲进周涛的办公室"讨说法"。周涛只好丢下手头上的工作，给对方端茶倒水、"陪笑脸"，任凭对方跺脚、漫骂。"这个时候一定要冷静，不能急躁，不能情绪冲动，说出什么过激的话来。"周涛对《南风窗》记者说，近几年，官员因为说出"雷人"的官话而丢官、受处分的事情层出不穷。"现在的老百姓都知道偷拍、录音，一旦有什么话被人家抓住把柄，就完了。"

在与同僚的私底下交流中，周涛不止一次地听到有领导干部感叹或者调侃说："现在官越来越不好当了"，"以前老百姓常说是'民不聊生'，现在颠倒过来了，是'官不聊生'"。

官员群体的危机感和压力感，既有中央层面"严管干部"思维下各种约束措施接连出台后的政策叠加后的结果，也有在新媒体环境下民众对官员的自发监督意识和手段能力增强的结果。而对于习惯了过往特权的他们，似乎对这一新的变化，在心理上还难以适应。

隐性收入缩水

自中央"八项规定"出台以来，公务员群体受到了越来越严格的约束。以中纪委为例，几乎每隔一段时间，就会出台一系列禁令。在反腐与肃风两把"大棒"的夹击之下，那些原属于官员群体所独享的灰色利益空间也被极大压缩。

对于基层权力群体而言，最明显的变化反映在两个方面。一是办公用房明显"缩水"，二是自身福利待遇锐减。国内多个地区的基层公务员均对《南风窗》记者表示，2013年以来，各地不仅停止新建楼堂馆所，还对照《党政机关办公用房建设标准》，严格按照级别，对各级领导及普通公务人员的现有办公用房进行清理、调整。

按照现有标准，县级正职办公室面积不得超过20平方米，科级干部每人使用面积不得超过9平米，而科级以下每人使用面积6平方米。但现实中，多数官员的办公用房严重超标。为了"达标"，不少领导都纷纷腾出了以前的套房、豪华大房间，换进了符合标准的"小房间"。

某地级市国土资源局土地利用管理处负责人对《南风窗》记者说，中央严格规范党政机关办公用房使用面积、反奢侈浪费，这是件好事，但地方在执行中，往往又形成了新的形式主义。领导的确从面积较大的豪华办公室搬出了，但腾出来的办公室没人敢用，或者挂上个"资料室"的牌子，实际上仍闲置在那里，造成了资源浪费。而普通科员原本2个人一间办公室，现在硬是又加塞了1个人。这对于大多数党政机关的办公可能并无大碍，但也的确会对个别部门的正常办公造成影响。

他以土地利用管理处为例说，由于涉及到土地征用、报批等繁杂手续，所以需要大量的文件资料。通常每个区县来人报送土地审批材料，都会带上七八本厚度达一两千页的资料，而每种书面资料又是一式四份，这样算下来，仅仅各种审批材料就占据了大部分的办公空间。有时各种材料不得不堆在地上，有一人多高。如果碰到有多个区县的人同时上报材料，那办公室连人坐下的地儿都没有，来访者只能在门外排队等待。

对于公务员群体而言，办公用房的"缩水"更像是一种象征和缩影。在中央"严管干部"的新思路下，以往各种优越的待遇、福利甚至特权从他们身边悄悄被划走。医疗、养老、公车改革、压缩办公经费……各种削减官员特权的改革正渐次展开。但让基层公务员感受到"寒冬"袭来的，则是他们的各种令人艳羡，也让老百姓非常不舒服的日常福利的锐减。

苏州司法系统的副科级干部张明亮对《南风窗》记者说，自2013年起，他们的隐性收入大幅削减：以往每年单位都要组织一次的外出旅游停歇了，以往动不动"找个名义发钱"的机会也不再有了，甚至听说连年底的单位聚餐"年夜饭"也取消了。张掰着指头说，在往年，单位会有各种名目繁多的奖金或补贴，如年休假补贴、作风效能奖等等，这些"人人有份"的隐性收入合在一起，一年少说也有三四万元，这也是支撑公务员"看起来很体面"的一个重要原因。但如今，这部分隐性收入全都没了，让他一下子感觉到"日子难过了很多"。

"现在机关中各种抱怨明显增加了，很多人心思不在工作上，反正干多干少都是那么点钱。"张明亮所说的这种想法，确实有一定代表性。对于习惯了某种被视为"正常"的待遇的群体来说，这是一种本能地捍卫自身利益的心态和博弈的策略。

趋于保守

基层公务员自我感觉他们的福利待遇甚至个人生活都受到了影响，但主要领导干部们或许并没有如此深的感受。前不久，《南风窗》记者去拜访某区级法院院长，结果发现，与一年前相比，这位老朋友除了搬进了一间稍小的办公室之外，其他均无变化——他的专职驾驶员没有变，宴请的酒店甚至包厢都没有变。席间，这位院长无意间感叹道，他的不少在京的大学同学早就做到了厅级干部，"可我一点都不觉得羡慕他们，请朋友吃顿饭都要自掏腰包，有什么意思呢？"

按照中央新规定，地方上绝大多数领导干部都将被迫取消"专车"待遇。而一位政界人士透露，实际上，下面早就想出了各种对策。"公车不让用是吧，那我就用私车，给下面的某个开发商或者私企老板打个招呼，人家就会乖乖送上一辆挂有私家拍照的车辆。"从而，腐败更加隐蔽化，更难以被发现。

过去一年，在中央高压反腐的大背景下，为了躲避民间的监督及上级的问责，基层官场中，过于保守的心态又卷土重来，"不求进取，但求不出事、不犯错"的思维成为不少领导干部的"为官之道"。

黄志强是华东某区区委办政研室负责人。作为区委主要领导的"智囊"，他和同事在过去一年围绕全区的转型发展、产业调整等进行了多场深入的调研，并提出了若干有针对性的建议。但这些建议并没有被主要领导所吸纳。"领导的任期有限，不想折腾那么长远的事，只求自己任期内不出事就行。"黄说，其实领导也看到了问题的症结和矛盾所在，但不想去刺破那些"脓疮"，怕不好收拾局面，也怕承担责任，所以，"脓疮"就越发坐大。

安徽某地级市市委组织部干部沈大卫对《南风窗》记者说，前两年多个地方在干部公选中曝出了"火箭提拔"丑闻后，在整个2013年，各地组织部门就很少再用公选的方式来选拔干部。他分析,这主要是由于主要领导害怕承担责任。原本体现用人开放度和透明度的公选制度被"晾"在了一旁,干部选拔又回到了以往的"小圈子选人"的局面。他说,这对于那些高学历、有能力、无背景,又想通过公平、透明的公选"鲤鱼跳龙门"的年轻公务员来说,不是一个好消息。这意味着,一扇原本向他们打开的透明之门,又再度关闭了。

29. 谁是既得利益集团？

■ 唐昊　华南师范大学政治学副教授

儒家经典《论语》中有这样一段对话：

子路曰："卫君待子而为政，子将奚先？"

子曰："必也正名乎！"

子路曰："有是哉，子之迂也！奚其正？"

子曰："野哉，由也！君子于其所不知，盖阙如也。名不正，则言不顺；言不顺，则事不成；事不成，则礼乐不兴；礼乐不兴，则刑罚不中；刑罚不中，则民无所错手足。故君子名之必可言也，言之必可行也。君子于其言，无所苟而已矣。"

"正名"是中国传统政治中政府权威得以树立的基本途径。现代政府的合法性更加来自于被统治者的认同，因此"正名"的要求也更迫切。而在当代中国的政治过程中，正是由于某些概念的模糊、扭曲、混淆，不但带来观念层面的"名"之混乱，更在"实"的层面扭曲了公共政策设计、乃至危及制度本身。这些容易在政治过程中被有意或无意地混淆的概念包括：公共利益、集团利益、政府利益、政府成员利益，以及一系列的亚层次概念，如政府政治利益、政府经济利益等等。

对于公共利益的认识有两种，一是认为公共利益是自然存在的，二是公共选择学派的观点。笔者个人较为认同公共选择学派的观点，即认为不存在什么先天的、超越性的公共利益，只有社会上各种利益集团所追求的自身利益。但同时笔者也认为，即使是各个利益集团的博弈，最终也会形成彼此之间的妥协，亦即博弈过程中没有一个集团实现了自己的全部利益，但往往是每个集团都实现了自己的部分利益，这些部分利益的总和即可被视为公共利益。此种公共利益显然和先天存在的"自在公共利益"有所不同，可称之为"协商公共利益"。

与公共利益不同，政府利益关注的是政府自身的组织生存和发展利益。经济学家诺思认为国家有两种职责：第一，促进社会福利最大化，二是追求自身利益的最大化，讲的就是这两者的区分。前者指的是政府维护公共利益的责任，后者则是政府利益的体现。而另外一个概念——政府成员利益，指的是政府中的一切组织和个人寻求自身利益最大化的举动，如对权力、金钱等的追求，这种利益通常情况下是通过合法方式实现的，但有时也会诱使官员寻租等行为的发生。

由于现代政治的民选和授权特征，政府的自身利益更有机会转化为公共利益。即在选举、媒体等压力下，政府会更加着重提升自身效率、把握正确的施政方向，由此不但带来政府本身的组织利益，也会带来全社会的福祉。不过，即便如此，政府利益和公共利益仍然是两种不同的利益。而破坏两者一致性的关键性因素就是政府自利性的成长，即以政府利益压倒公共利益诉求——如为政府政绩而将公共资源投于招商；或以政府成员利益压倒公共利益诉求——如政府官员寻租批地。由于政府是公权力的行使者，此种行为还常常打着公共利益的旗号，但实际上缺乏一个参与和协商的过程，因而其所认定的公共利益往往难以令人信服。

政府自利化成改革最大障碍

政府的自利性是指政府除了具有管理公共事务的本质属性之外，也具有为组织生存发展和自身利益奋斗的属性。而政府自身利益也可被分为政府政治利益和政府经济利益。

政府政治利益主要体现在对自身合法性和施政有效性的追求。这种政治利益的实现主要是通过更好地代表和维护公共利益来实现。所以，政府对政治利益的追求对公共利益的实现有促进作用。如在中国改革开放的过程中，在政绩效应的刺激下，地方政府的自利倾向甚至曾经是中国经济高速增长的一个重要因素。

政府经济利益的凸显则始于1992年财政分灶体制的推行，自那时起地方政府从过去主要作为中央政府的分支机构变成了相对独立的利益主体，有了独立的行为目标和行为模式。到现在为止，政府利益主要来自6个方面：政府经营城市、政府招商引资、政府直接投资、政府批租土地、政府行政许可及政府直接管理企业。而为了维护这些利益，在制度内部逐渐出现了部门利益法制化、政府内部利益冲突、腐败升级等不良效应，并且逐渐腐蚀了政治改革的动力。

政府部门成为利益主体的一个结果是，通过本应是公器的法律法规用来维护部门利益成了中国政治中一个经常性的选择。2012年，"房叔"、"房婶"等被网络揭露出来，而此后各地不但没有推动官员财产公开，反而多地政府出台法令严禁查询非本人名下房产。这说明一些官员对自身利益的关注，而非对公共利益的维护。

同时，政府利益往往与政府成员利益搅在一起，带来更多的腐败机会。在成熟的民主制度下，政府经济利益被政府政治利益所压制，而政府政治利益（选举结果）则掌握在选民手中。在中国则由于对公共利益的参与和协商机制还不完善，政府更有机会以公共利益名义追求自身经济利益，并且通过寻租而异化为政府成员的个人经济利益。事实上，过去几十年里，官员腐败行为的升级和政府控制经济的程度升级几乎是同步发生。在这个意义上，政府本身更成为改革的对象。

不仅如此，政府过度追求经济利益也是其内部控制力下降和内部冲突的开端。因为政府追求自身经济利益的风气会导致每一个纵向和横向分支单位都将追求自身经济利益作为自己的最大追求。中央政府也许仍然可以照顾相对广泛的公共利益，但各个部委、各省各市各县等地方政府都会形成大大小小的自利集团。央地矛盾、部门打架、行政与市场矛盾、政府与社会的矛盾都由此产生。政府内部的利益分化和冲突削弱了其政治改革的行动能力。

更为严重的是，在众多利益集团中，政府如果成为最大的利益集团，并且拒绝放弃既得的利益和获得这种利益的方式，就越有维护既有机制的能力，形成不断强化的循环状态。于是，本该是改革动力和主体的政府在某些领域蜕变为改革的阻力，政治改革的利益僵局就此形成。而政府则成为这个僵局的守护者。

围绕政府利益的"非正式政治"

如前所述，政府的过度自利化倾向虽然是为了谋求更多的政府利益，但从长远来看会腐蚀制度的根基——恰如一条兴致勃勃地吞吃着自己尾巴的蛇，其结局不难预料。但在这条蛇吞掉自己或决定放弃吞噬之前，政治系统依然还要运作下去，而此时的政治生态就更加复杂和有趣：与正式制度的衰朽同时而生的是非正式政治的兴起。

从"协商公共利益"的角度来看，公共政策的制定本应是社会上不同的利益集团的利益向公共利益渗透的过程。但作为拥有规则制定者和利益竞逐者双重身份的政府，通过公共权力把自身的利益合法化、扩大化是一个难以避免的诱惑。这种行为和道德品质无关，而只是因为政府要从公共政策中获利太容易了。以刚刚出台的二手房交易要缴纳 20% 所得税的规定为例，据学者测算，而这笔本属于民间的利益涉及到的金额有十几万亿。而国务院一个简单的文件就可以将这笔本属于老百姓的天文数字巨款装到政府的口袋里，不免令人惊心。不过，在公共政策被滥用的背后，更严重的问题却是人们对正式制度信心的逐渐崩塌。

而在正式制度之外，某些非正式的政治安排却方兴未艾。例如政府执法过程中的"双向代理"现象。如在食品安全问题上，原本执法人员是代表国家和公共利益进行执法，但许多执法者选择同时成为不法商家的代理，把执法的过程变成实现某种利益和经济收入的过程，执法所得的收入少量交给国家，而大量的却化归执法部门或者执法群体所有，有学者将其称之为"执法产业化"。如此不难理解为什么在食品安全领域法令频出但却没有效果——更严格的法令不过是给执法者提高向其所"代理"的商家提高租金的机会罢了。

在更学术的层面，美国经济学家弗雷德·麦克切斯内将此现象描述为政治创租（political rent creation）和政治抽租（political rent extraction）两个概念。前者是指政府官员用行政干预的办法来增加企业的利润，诱使企业向他们交纳"贡款"；后者是指政府官员故意提出某项会使企业利益受到损害的政策作为威胁，迫使企业割舍一部分利润与政府官员分享。这些政治安排均无法拿到台面上，但却都实实在在地发生了。特别是后者，某些地方执法机关对企业进行城管、消防、环保和卫生方面的勒索则可被视为是政治抽租。

和政府行为在法律和制度之外运行相类似，社会力量对于政府自利化的反对也是通过非正式的方式来进行的。2012 年应被视为是典型的"微博反腐年"，并且这个网络揭发运动还远未结束。网民们也并不看重已有的制度化的反腐渠道，却更相信"网络起哄"这种极不正规的反腐模式。每当一项公共政策出台，民间都会质疑这项以公共利益为名出台的政策究竟是否只是政府的自利行为？政府和其服务对象之间彼此互不信任，如此将形成恶性互动：支持既有政治系统的人越少，政府就会越依赖于官员群体，而对政府的自利倾向就越无法根治。

政府需要"去利益集团化"

虽然前美国总统里根有言："人们总是在讨论政府应该解决什么问题，而最大的问题正是政府本身"，但话说回来，政府自身利益的形成，甚至自身演化为特殊利益集团，并非一个自然而然的选择，也并非无可避免的现象。

政府作为人民授权履行公共管理的责任者，是公共利益最大的提供者和维护者，并且是不可取代的——任何组织和个人都不能提供政府所能够提供的公共服务，如公共教育、医药卫生、社会福利、国家安全等公共利益的提供和维护，只能依靠政府，或者在政府领导下实现。所以，关键不在于取消政府天然存在的自利性，而在于以约束为导向的政治系统内外的改革。

首先，为公共利益"正名"。以"协商公共利益"的宗旨，在确立公共利益的时候，要有更广泛的公共参与。在此过程中毋庸讳言政府的自身利益，确认政府自身利益的存在具有历史合法性与正当性，但也要通过法律明确政府利益边界。同时承认其他利益集团的利益，不允许未经协商的剥夺，并要保障其在公共政策制定过程中的参与权利。在目前利益集团之间的关系恶化的情形下，更需要由上至下推动改革，通过参与发现真正的公共利益所在，也通过参与实现广泛的社会和解。

其次，政府角色要转变，从高高在上可以代表公共利益的立法执行合一的机构变为单纯的执行机构，而不能随便立法剥夺社会财富。例如将政府开征新税种的权力收归全国人大这样的代议制机构，截断政府随意从民间掠夺经济财富的捷径，就可避免其自利倾向对正式制度的破坏。这一点在此次全国"两会"上，已经有代表提出来了。

再次，强化对于政府行为的约束和内外监督。民间正在生长出对政府权力和政府利益的限制。但这并非政治改革的常规途径，也不能保证政治进步的质量。通过正式制度控制政府本身滥用权力的可能性，是正途也是重点。实际上，如果缺少强有力的约束和自觉，传统意义上的专政机关都可能成为利益集团。

最后，引入外部竞争。在现代社会，维护公共利益的主体并非仅仅政府一家。非政府组织在公共生活中影响日增，其在谋求经济公平和社会正义、维护整个社会整体利益中起着举足轻重的作用。而开放政治体系，容纳更多非政府力量的竞争，正是是解决由垄断产生的很多政府病的有效方式。

在中国，公共利益与政府利益、政府利益与集团利益、政府利益与政府成员利益之间的关系不但是一个理论问题，更体现为在一种非正式的政治安排下的复杂的利益互动。而在所有纷繁的利益矛盾纷争所导致的改革僵局中，政府"去利益集团化"的成败，应是政治改革能否继续前行、正式制度能否更新进步的最关键因素。

30. 理工科治国，还是法政科治国

■ 南方朔

最近德国联邦议会大选，现任总理默克尔领导的基督教民主联盟、基督教社会联盟获得压倒性的胜利，得票率41.5%，比上次大选增加了7.7%，而在席次上，则得到311席，比上届多出了72席。自欧债危机以来，欧洲已垮了12个政府，只有德国的联邦政府不但未垮，反而更加成长，默克尔已成了新的欧洲奇迹。连带也惹出许多新论题，其中最值得作理论探讨的，乃是理工科治国好还是法政科治国好？

近代欧美国家由于职业的分工，从事政治活动的几乎全是法政方面的人士。世界上因而形成了一种见解，那就是"法政治国论"。但默克尔却和这种公认的趋势完全相左。她是量子化学博士，因为她是政治的门外汉，她的治国风格遂和政治界完全不同。

由于她是理工科学家，她具有科学家才有的天赋记忆力。她和一个人谈话2个小时，可以不必做任何笔记，可以专心地听，听后全都记得，而且很会抓重点，这种本领是法政人士常常缺乏的。

近代"作秀政治"当道，政客及国家领导人都忙着赶行程，搞作秀，讲漂亮的空话，对正经事则尽量少谈，以免得罪人。作秀而不做事已成了一种世界现象。默克尔恰好是一个不会作秀的人，她实话实说，不讨好人，不怕得罪人。这种不作秀的风格，反而成了最好的作秀。

近来"民调政治"当道，政治人物天天忙着看民意调查报告，民意喜欢的就做，民意不喜欢的就不做，政治因而媚俗化，真正应做但短期不讨好的事反而无人敢做。但默克尔不然，她决策慢，认为对的，决定了就贯彻到底。就以欧债问题为例，包括美国、英国和其他国家都认为德国应发行大量的债券来救市，但默克尔坚持财政纪律和收紧支出的重要。她的主张在2011和2012年被美欧等国骂翻，《经济学人》甚至用封面故事对她大力抨击。但她未动摇。到了今天，已经证明她可能才是比较正确的一方。在欧债危机中，欧洲政府垮了12个，只有德国反而是政府更为稳固，这也证明了政府不媚俗的重要。

因此，德国默克尔的成功实在值得研究政治理论的人去思考。近代人文社会科学在知识理论上是相对主义当道，它对事物的真理性保持怀疑，因而求真求实的态度已很稀薄。这种相对主义使得法政人士和学者只注重机会式的价值，而不重视本质性的价值，因而政治不再关心人的普遍价值，它造成政治的平庸化、作秀化和民调化。但科学家不然，科学家仍然相信真理的存在，仍持有求真的态度。当科学家从政，自然会比较追求真实，也不会一味地从众。理工科从政和法政科从政当然极不相同。

古典的民主理论相信社会的复杂，但这种复杂可以在中道价值上被统一，而且国家也有很多筹码来平衡社会的矛盾。但到了现在，由于政治媚俗，政府长期浪费，国家的筹码已告丧失，于是社会的矛盾遂告扩大，并各走极端，政党及政治领导人也只好被形势拖着走。就以最近的美国政府关门为例，它的真正原因即是政治人物长期不敢面对政府赤字、债务以及税务问题所致。法政型的政治人物只要选票而不去解决问题，这乃是关键。

近年来，西方已出现一种"政治平庸化"的理论。该理论认为，平庸过日子,不惹大麻烦,不去碰根本问题,把一切问题都推给过去和未来,得过且过,已成了当代的全球趋势。平庸的政客正在创造着平庸的时代。

因此,我对法政科出身的政治人物确不欣赏,我反而喜欢理工科的政治人物。世上毕竟还是有真理的,只有科学家才会去找寻!

31. 官僚主义的幽灵

■ 欧阳觅剑

当下群众路线教育实践活动的主要目标是集中解决"四风"问题，而这"四风"中，官僚主义是"老面孔"，从革命战争年代开始，它多次成为党内整风的主要对象。现在，它又被列为需要重点排查、扫除的作风之弊、行为之垢，可见其危害之深远。

"骑墙式的官僚主义"

1963 年，周恩来曾列举官僚主义的 20 种表现。概括来说，官僚主义是脱离群众、摆官架子、不担责任、不干实事、假公济私的行为。中国共产党以为人民服务作为宗旨，而官僚主义者不将人民群众的利益放在心上。

老百姓一般是在与行政机关打交道时感受到官僚主义的危害，"门难进、脸难看、话难听、事难办"是他们对官僚主义的基本印象。这样的现象主要发生在办理程序不清晰的事务中，你不知道哪个部门办理，要准备哪些材料，很有可能会被"踢皮球"。

例如，流动人口办理计生证明，这个证明很重要，但不是经常要用到，因此，一般人都不清楚办理程序。等到你需要办理的时候，派出所让你找街道办事处，街道办事处让你找派出所；户籍所在地街道办事处让你找居住地街道办事处，居住地街道办事处让你找户籍所在地街道办事处。他们就这样推来推去，无人承担责任，也不善意告知如何办理，让你心里火冒三丈，又不便发作。

在办理程序清晰的事务中，也可能存在官僚主义，它就隐藏在程序之中。

前不久，《新闻联播》报道，广州市政协常委曹志伟绘制了一张名为"万里长征"的审批流程图。这张图显示，一个投资项目从立项到审批，要跑20个委办局、53个处室，盖108个章，需要799个审批工作日。根据政协委员的提案，企业投资审批的天数可以由799天压缩到232天。在市委书记、市长亲自关注此事后，《建设工程项目优化审批流程试行方案》将政府审批时限压缩为37个工作日，加上审批前工作所用的时间，也不超过145个工作日。

书记、市长的关注使程序中隐藏的官僚主义暴露出来，并得到了纠正。37天就能完成的审批，之前为什么要用几百天？原因是，每个部门都不想担更多责任，于是拉其他部门一起来以分摊责任；而优化程序这样的责任更是无人担当，除非书记、市长亲自关注——这些正是不担责任、不干实事的官僚主义的表现。

随着市场化程度的提高，政府承担的职能减少，老百姓与行政机关打交道的机会也减少了；而且，一些窗口部门被整顿，办事程序更清晰，官僚主义对老百姓的直接危害降低了，这使得官僚主义不那么显眼、遭人痛恨了。但实际上，官僚主义仍然普遍存在，危害仍然非常大，只是由直接危害变成了间接危害。

例如，官僚主义存在于拆迁中：放任非法强拆是漠视人民利益的官僚主义；拆迁完成大半，遇到阻力就停下来，也是官僚主义。在一些城市，有拆了一部分的城中村，之前已经搬迁的村民不能按时回迁，生活上不便，经济上受损，对政府部门的不作为非常不满，甚至挂出条幅发泄怨气。在这样的过程中，相关官员先是以发展为借口，意图靠欺上瞒下造成既定事实；后又以和谐为借口，用拖延的办法推脱责任；他们就是不全面考虑绝大多数人民群众的利益。

这是利用群众意见分歧来推卸责任、保全自己的官僚主义。随着社会的多元化，人们群众的利益趋于分化，这种官僚主义越来越普遍。这样的官僚主义者装出听取更多人意见、让更多人满意的样子（其实他们不说明、不解释、不沟通），将自己的不作为隐藏起来，让人看不到他们官僚主义的本质。这使人们对官僚主义失去了应有的警惕。这可称为"骑墙式的官僚主义"。

中国经济在发展，人口在聚集，人们对资源的争夺越来越激烈。如果官员们持"骑墙式的官僚主义"态度，不作为或者只是采取应付式的简单措施，那我们的生活环境就会越来越差。官僚主义的危害，可与贪污腐败相提并论，甚至可能比后者的危害更大。可以说，官僚主义是容易被忽视的最大危害，这是它屡次成为中国共产党党内整风主要对象的原因。党的群众路线教育实践活动再次将官僚主义作为靶子，绝非偶然。

官僚主义是官僚制的副产品

如何扫除官僚主义的作风之弊呢？我们先要弄清楚官僚主义产生的原因。

有人认为，官僚主义的形成是中国的"官本位"文化在作祟。但官僚主义其实是官僚制（bureaucracy）的产物。

官僚制又称科层制，在这种体制下，组织被分成很多层级与职位，每个成员都被"塞"到一个层级、一个职位，他们的职责是听从上级指示，按一定的规则和程序做事。因为规则和程序是既定的，所以组织成员没有太多灵活处置的权力，也不能有太多自己的想法。一个组织采用官僚制，目的是使上层的意图能够比较准确地传导到基层并得以实现，这对于中央集权来说是非常重要的。官僚制下严格的规则和程序，本意是使成员排除个人因素等多种干扰，以提高效率，并杜绝假公济私。

但是，事物往往会走向自己的反面。官僚制下的规则和程序，本来是用来限制官员的，使他们明确自己的责任，提高效率，实现组织的最终目标；但它们有时会被官员利用来推脱自己的责任，变成损害效率的因素，组织的最终目标也在其中消失。官员们很熟悉上级的要求以及自己应遵循的规则和程序，但多数群众并不了解，他们就有可能利用这种信息不对称"瞒下"；在层级制下，上级要通过他们了解下情，于是他们又可以"欺上"；他们可以将每个程序都做到，但并不做得很好，形成一套应付式的做法，这就会使组织的目标不能每次都实现，而他们因为是按程序做事，可以推脱掉自己的责任，于是，程序从限制他们变成保护他们；他们有时还会虚报。

在官僚制下，官员们不能有太多自己的想法，他们得不到足够的尊重，因此对组织目标的认同度不高，没有一定要实现组织目标的强烈愿望，很容易产生懈怠的心理，寻求推脱责任的机会。他们晋升的可能性越小，他们懈怠的可能性就越大。

当规则和程序固化，官员们就有了钻空子的机会，官僚主义就会产生，它是官僚制的副产品。官僚主义就是官员将自己装在程序的套子里，与群众隔离开。

克服官僚制的弊端

既然官僚主义是官僚制的副产品，那么，扫除官僚主义作风的关键是针对官僚制采取措施。中央集权和官僚制有积极的作用，不能完全否定，如果完全没有层级、程序，中国这样大的国家将难以维持稳定。官僚制要继续存在，但它造成官僚主义的弊端要得到限制。

官僚制的弊端之一是层级制阻碍了上层与基层的联系，使得官员有机会欺上瞒下。针对这种弊端,上层和基层的联系和沟通应该加强。例如,中央巡视组可以承担这样的功能。现在中央巡视组的主要任务是反腐败,其实它完全可以同时针对官僚主义作风问题开展调查。

官僚制的弊端之二是群众难以了解办事程序,造成群众与官员之间的信息不对称。针对这种弊端,程序应该更简化,而且相关信息更加公开、透明,减少群众与官员之间的信息不对称状况。在这方面,互联网可以起到重要作用。

官僚制的弊端之三是规则和程序固化,容易被官员钻空子。针对这种弊端,规则和程序应该不断改进、完善。

官僚制的最大弊端是缺少自下而上的渠道。官僚制基本上是自上而下的,上级对下级发出指令,上级对下级进行监督。下级难以向上级反馈信息、提出要求,更难以对上级进行监督。这不但造成上下沟通不畅,而且影响下级的积极性、主动性,滋生官僚主义情绪。开拓自下而上的渠道是克服官僚制弊端的关键。

为此,党要发扬民主,真正贯彻执行民主集中制,让下级有机会与上级平等讨论问题、参与决策。同时,党要允许群众畅所欲言地发表意见,设计一些制度,让群众参与政府部门的工作。有了自下而上的渠道,上层和基层的联系和沟通会加强,规则和程序的改善也能更切合实际。

32. 政治领袖们必须言行合一

■ 赵义

十八大后，人们对于新的中央领导集体的一言一行分外关注，人们期待着新的中央领导集体能够开创新局。其间的枢纽所在，实系于政治观的转型。转型一词，几近泛滥，但从脱胎换骨的意义上说，亦不为过，即政治从围绕小集团、掌权者个人等展开的权力游戏中走出来，将支点放到社会和民众身上。

政治观的转型，并非当下的新问题，可以说伴随着改革开放的整个过程。从1980年邓小平的《党和国家领导制度的改革》，到后来的依法治国、"三民"（权为民所用、情为民所系、利为民所谋）、权为民所赋等，执政党一直在探索开放环境下政治的新生命力之所在。当下的困境是，美好的理念还不能得到行动上的有力配合，以至于政治尚不能达到"知行合一"的理想境界。

知行合一，最关键的是行，没有生生不息的勇于践行，善念终究是个空壳。没有什么比政治上的言行相悖更伤害社会的"有机团结"，损害人们对于未来进步的信心。典型者如腐败，知行不合一留下的是权力欲望的不断放大，再往前发展就是前苏联出现过的最大悖论——社会主义国家产生了特权阶层。围绕特权阶层产生的，是思想理论、制度等方面的言行相悖。

新的中央领导集体从转变会风、文风和工作作风入手,"收起红地毯"等,可以看作政治上实现知行合一的一小步。官僚主义、形式主义,说到底是一种病症,说明权力运行的封闭的自我循环,不断强化官员"眼睛只向上看"的生存哲学,丧失了对于社会和民众的"负责",口中所讲,实非心中所想。一切不断强化官本位的仪式、规矩等等,都应该打破。如果连将"领导干部"和"人民群众"隔离开来的形式上的藩篱都无法破除,政治观的转型也就是一句空话了。

而政治局带头改进工作作风,"要求别人做到的自己先要做到,要求别人不做的自己坚决不做",这正是要求政治上的言行合一。不积跬步,无以至千里。要开创新局,就需要这个社会的精英阶层能够带头勇于践行我们已经认可的美好价值。做到这一点并不容易,非有"廓然大公"的本体自觉不可。历史上不乏掌权者沉溺于层层利益输送、不愿改变现状的例子。而让一国、一组织焕发新生命力者,也无不是能够克服各种利益绑架、权力诱惑和成见束缚,对于事关国运、民心的重大问题,勇于决断,化危为机。

开创新局,知行合一最为机要。源头的活水,会让整个社会迸发出奋起改变并清除阻碍中国更加美好的积弊和问题的力量。这也会让愿意带头改变的精英感到,"吾道不孤"。现在社会层面存在的犬儒主义、怨气和戾气等等,都是暂时的。精英阶层不应以此为理据,来强化自己的固有逻辑,作为卸掉自身责任的托辞。精英阶层把践行善念的大智大勇找回来,必能获得最大的社会支持。

平民政治

政治观的转型,最深厚的土壤在于平民政治的到来。其表现是网络等技术支撑下的微政治的出现。微政治的概念,是北京大学政府管理学院王丽萍教授在 2011 年提出的，含义是"今天的政治已经与曾经很长时间主导人们政治生活的对理念、信念、制度等价值相关命题的关切渐行渐远，而更多地表现为民众日常生活的关注，或对民众具体、细微琐碎的诉求和问题的回应"。

2012 年，媒体的讨论进一步深入，比如《人民论坛》的新政治观专题，提出了政治观要超越左右思维，一方面，西方政治选举造成民主的"短视化"，造成寅吃卯粮的债务依赖型经济；另一方面，前苏联以"革命党"的姿态和方法（三垄断，垄断真理的意识形态制度、垄断权力的政治法律制度、垄断利益的封建特权制度）从事建设最终也失败了。

客观而言，以西方民主的"短视化"为理由来矫正国内民众对于日常生活的关注，是风马牛不相及的。西方社会的最大危机是中产阶级的下沉。中国出现微政治，则是因为中产阶级为主体的橄榄型社会成型之前，平民大众上升到中产阶级面临现实的重重阻遏。两者背后都是社会的两极分化，只不过西方的两极分化是社会利益集团游说政治过度的后果（比如金融势力），而中国的两极分化是市场经济缺乏民主和法治的充分保障的后果。

微政治亦可以看作是民众对于小集团政治的博弈手段，新技术只是提供了一个出口而已。这也印证了，在开放条件下的各国政治"普遍进化"的规律，即政治不是少数人的事情，而是大多数人福祉之所系。区别在于，西方国家要解决的是政治的"瘫痪"问题，而中国要解决的是权力系统的封闭和自我循环——具体表现在政府财政支出调整、决策民主化、预算民主化、问责官员等体制性难题。

无论如何嘈杂和凌乱，平民大众的诉求是政治观转型的广阔基础。其间的抉择并不难厘清，2012 年的收入分配、异地高考、征地拆迁等改革热点，都是平民大众在政治中主体地位的一次次伸张。如果这些改革能够一个个做好，我们的政治自然会减少戾气和乖张的一面，让理性、协商、合作、宽容等政治风气一点点扎根发芽，让我们的社会能够早一日丢掉"被动维稳"这根日益沉重的拐杖,让改革再次成为中国获得未来的"红利"。

这自然也要求掌握权力的精英阶层,秉持"廓然大公"的本体自觉,超越狭隘利益的束缚,让执政权力获得更多道德资源的滋养,进入与社会良性互动的轨道之上。整个社会也有充分理由以是否维护好平民大众的利益来衡量精英阶层的知行是否合一。古人说,道在日用之中。政治的正道也在对于平民大众生活的守护之中,如同宗教中的"加持"。

政治观的此种转变,对于整个社会也是一种引领。在中国经济逐步告别过去的高速增长,走向正常增长,政府强力推动的资源粗放投入模式亟待改变的背景下,过去诸多行业热衷的服务少数富贵阶层,赚取高额边际利润的做法亦遭遇了极大瓶颈。商业力量的伟业最终还是得建基于广大平民大众消费力带来的规模效益之上。有了平民大众这个支点,无论是政治还是商业,最终都会体现出强大的生命力,而不会因为一次危机就沉沦下去。

33. 克强经济学的中国梦

■ 王小广 国家行政学院决策咨询部研究员

海外投行巴克莱的专家首先提出了克强经济学（Likonomics）的概念，用于描述新一届中国政府实施的新经济政策。这是顺理成章的事，叫什么并不重要，之前叫"习李新政"或李克强新政（类比如朱镕基新政），这些表达仅是学术圈的新概念，民间流行语，不是也不会成为标准化的官方描述，新概念的提出只是为了理解问题和研究问题的方便。在我看来，从克强指数到克强经济学，是中国经济发展到新阶段为解决长期战略性问题所必须的。

没有新的经济发展理念，新的经济理论，新的施政方式，要想解决中国进入新阶段的发展难题是不可能的，从这一点看，克强经济学就是通过打造中国经济升级版而实现"中国梦"的一套新经济理论和政策体系，大家都清楚，中国经济发展所面临的最大风险是像拉美、东南亚等国一样掉入"中等收入陷阱"，克强经济学就是一个超级人口大国处于新阶段、面临十分复杂国际国内环境，寻求突破"中等收入陷阱"的战略。

两大"不适应症"

中国经济处于新阶段，新政府实施新政（克强经济学），这是影响未来中国经济发展的两大关键因素。而产业界和投资者对此表现出明显的不适应性，因此，必然会出现这样或那样的问题。从我们了解的情况看，很多地方政府、企业以及个人，严重不适应中国经济已出现阶段性重大变化这一实际，在决策上和行为上都是按旧模式运作，结果只能是"事倍功半"。

对2010年以来的中国经济增长走势，很少有人判断准确，普遍的看法则就一错再错，2009年底到2010年期间，多数学者、企业家作出将进入新一轮增长周期的判断，结果两三年后的走势证明这是严重误判，去年一季度GDP增幅降至8.1%，许多专家预计经济增长已达到底部，这是市场底更是政策底，结果经济仍是继续下行，到四季度GDP增长终于有所反弹，达到7.9%，于是人们再开始预测2013年中国经济将明显回升，增长将达到8.5%左右，甚至有个别的研究机构预测2013年中国经济将增长9.3%。为什么这样的错误会反复出现？我的解释是除了预测方法有严重错误外，一个很明显的问题是大家严重忽视中国经济自2008-2009年后正在发展的阶段性变化。

中国经济正进入新的发展阶段，由于经济发展阶段性变化和周期性变化，以及长期结构矛盾的凸现，中国经济的潜在增长率已明显下降，不可能再保持两位数的增长，在新的一位数增长阶段，由于资源环境约束、结构调整滞后、改革不到位，继续保持长8%以上的增长也成为极为不容的事，今年经济增长的继续下行是情理之中，并不在意料之外。目前我国经济仍在筑底过程中，但我认为目前我国经济离底部不远了，但筑完底后却也不会马上出现回升向上的走势，而是进入我称之为的第二个调整型增长期，这与2007-2001年间的情况十分相似，连增长率的年度变化也收惊人相似，1997年我国经济增长由两位数降至9.3%，1998年继续降至7.8%，2000年则再降至7.6%，而最近几年的情况与此极为相似，2011年我国经济增长率由上年的10.4%调到9.3%，2012年再降至7.8%，今年估计再调至7.5%左右。

从经济增长率角度看，未来几年的经济形势会比1997-2001年间更为严峻，因为外部环境不利，因为国内各种矛盾凸现，一个极现实的选择就是我们的生产和投资活动必须适应这一深刻的阶段性变化。新的发展阶段，尽管经济增长率下降，未来几年经济增长将在6%-8%之间盘整，向下的空间不大，迅速上行也不大可能，但就企业和投资者而言，却是大有可为的，只是投资的重点和策略都要作重大调整，经济处于调整期，机会在结构调整，在于规避产能过剩领域，在于资产重组，我以为最近的政治局会议分析上半年经济形势时讲"把握重大调整机遇"的意思正在此。经济处于调整期，市场的作用会更强，民营企业的活动空间会更大，因为它们更关心效率，而效率或效益是调整期的生命线，缺乏竞争力或对市场竞争的严重不适应，将可能面临生存困难或被淘汰的命运。所以，我深信美国著名经济学家罗斯巴德的那句话：调整或衰退是创造效益、使经济恢复稳定的过程。得道者得天下，这个道就是顺应趋势，把握别人发现不了的机遇。

另一个"不适应"就是对新政府的新政策不适应。"克强经济学"不是一时的应景之作，而是经过多年深思熟虑的一种治理经济的新思维，是解决中国经济新阶段"过坎问题"的新药方。过去的老药方——用宽松的货币政策和政府投资计划刺激经济，不仅不能解决当前经济问题，更对长期累积的结构性问题束手无策，且负作用大，效果越来越差。在经济处于"过坎"的关键时期，必须深化改革释放红利，充分发挥市场机制的主导作用和政府的引导作用，促进经济结构的全面升级，打造中国经济升级版，这既是目标，也是新的政策框架。

我们可以用此解释"钱荒"问题。今年6月份发生"钱荒"现象并不像一些人预言的那样是中国将发生大危机的标志或预演（与美国次债危机类比），而是商业银行或整体金融体系对新阶段和新政的不适应所引起的小插曲。"钱荒"的背景是一季度GDP增长明显低于预期，一些人借机制造恐慌气氛，或预言中国经济将会硬着陆，崩盘，发生世界第三波危机。

但就中国的金融体系而言，金融机构的两个不适应或两个误判是最主要的原因。第一个不适应是，商业银行仍处于高增长高扩张的思维惯性中，对我国经济正发生的深刻的阶段性变化视而不见，不及时地调整自己的投资、投机行为，出现了明显的"超贷"或期限"错配"问题。第二个不适应是，金融机构对新政府采取了宏观经济政策产生了严重的误判，他们认为只要经济下行压力加大，并在市场上鼓吹其重大危害，央行就会出台与过去一样的经济刺激政策，因此，把"信贷扩张活动"、表外业务投机等做得太满了，估计连中期应缴纳的存款准备金都用上了，导致银行资金头寸的异常紧张。

克强经济学的误读

社会上对克强经济学或新政府的新政，普遍持积极的态度，但对其内涵的把握确有很大的差异。巴克莱银行黄益平提出的克强经济学的三大支柱论，在一定程度上抓住了克强经济学的实质，但并不全面，有些与实际还有较大出入。不刺激或不出台刺激政策，这一条是遭到质疑最大的部分，而且他好像把不刺激政策无限放大，以为在任何情况下都不会刺激，如认为政府对3-4%的经济增长也会容忍，这明显是不现实的。这里有个常识性问题，即不管是哪类宏观经济政策（也不管源于哪种经济学说），都包含着刺激、紧缩或稳定不变的三种选择，根据经济发展形势的变化而变化，宏观经济政策稳定是指不要任意多变，不要频繁的调整。政府对经济下行或通胀的承受力可以与社会、市场有一定差异，但不能差异太大，"压力变动力"、"倒逼机制"均有底线或高压线，政府为了给调结构创造有效的压力，适当降低底线的值是可以的，但要以社会稳定为前提。不刺激政策应该理解在合理区间内保持稳健的货币政策不变，即使有必要刺激，也不采取过度扩张货币及大搞政府投资的办法。

而第二个支柱：去杠杆。这是世界金融危机后的最流言术语，但遗撼的是到目前为止，中国并没有发生这样的去杠杆化过程。过强的杠杆是导致资产泡沫、经济泡沫的重要原因，中国房地产泡沫确实很大，而且呈现出"大而不破"的特征，去杠杆实际上包括着两个连贯的过程，一是用紧缩政策刺破泡沫，二是泡沫破灭必然会使金融风险显性化，解决的办法就是"去杠杆化"，在我国这一过程还未发生。也许未来会有这一过程，因为泡沫总是破灭的，去杠杆是一种行为，一般并不是"一种经济学"的内涵或政策的内涵。

三大支柱中得到普遍赞赏的是结构改革。"结构改革"这个词源于日本，它是指把结构调整过程与改革的过程结合起来，日本泡沫经济破灭之后陷入长期衰退的原因，就是迟迟不搞结构改革或进行不彻底的结构改革，最终使经济长期低迷。我国经济目前的确实是结构问题和体制问题，不加大结构改革力度，就不可能实现经济的转型升级，打造中国经济升级版和释放改革红利就是中国的结构改革。

四大要旨

克强经济学不是一种纯粹的经济理论设想，而是操作性强的、必须能解决重大实践问题的新经济理念、吸收许多理论精华的实用经济学。我认为，其要旨包括至少四个方面：

一是相信市场，放松管制。调结构、促转型的主体是企业，是消费者，调结构最有效的机制是市场，而不是政府。因此，要有效地解决长期累积的结构问题，必须相信市场，关键是取消各种不合理的政府管制，降低企业和个人的税负，增加微观主体的活力。在理论上就确实很像供给学派的经济学：减税、放松管理。李克强总理在上任伊始就承诺要取消或下放1/3的行政审批权体现了这一新理念。三四个月时间，先后取消、下放180多项行政审批权，同时，"营改增"领域的扩大和全国推广、小微企业的"两税"减免等，深化铁路投融资改革等，都是简政放权、放松管制的重要举措，目的是让市场主体发挥更加重要的作用，增强发展动力和活力。

二是调结构优先，统筹稳增长、调结构、促改革。调结构、转方式是我国突破"中等收入陷阱"的必由之路。稳增长与调结构既有许多矛盾，也存在统一性。过去宏观经济管理过多地注重稳增长、保增长、促增长，实施的是增长优先战略，这样的单一型战略产生了许多不平衡、不协调、不可持续的结构问题，因此，必须实施调结构优先战略，统筹稳增长、调结构、促改革。调结构能有效的、更长远的稳增长，调结构要靠改革的推动，而不是靠政府的干预，通过改革激发市场活力，推进经济结构的战略性调整。调结构优先战略就是下决心促进需求、产业、区域、城乡结构的全面转型，在我看来，要完成这一全面的结构转型目标，至少要实施四大战略，即新型城镇化战略、扩大消费战略、促进服务业发展战略、自主创新战略，实施好了这四大战略，就能打造中国经济的升级版。这里的理论就是发展经济学的结构优化理论或者叫结构派经济学。

三是确立新的宏观调控框架，稳定市场预期。李克强在广西部分省市区领导谈会上第一次提出经济运行的合理区间和政策框架概念，在之后的专家座谈会上进一步完善了相关构想。这是我国宏观经济方式的重大创新，其目的是增加宏观经济政策的可预期性，提高政策效率，稳定市场预期。当今世界，最佳的宏观经济政策既要有稳定性，也是能够让市场预期到的，而不是"出其不意"，朝令夕改，不讲规则。什么情况下我会出什么牌，一清二楚，不用猜，我都明白地告诉你，宏观管理者的目标是创造宽松稳定的发展环境，而地方政府、企业、个人则把更多的精力放在调结构、提高创新能力上。

四是总量调控政策稳中有为。宏观经济政策稳定，并不是什么也不做，而是稳中有为，积极作为，"宏观政策要稳"是指前两年确定的积极的财政政策和稳健的货币政策不能轻易改变，要坚持，放松货币政策既不抑制经济下滑，更不能解决经济结构难题，相反可能恶化经济结构问题，使经济结构调整的正常过程被延迟，增加未来结构调整的难度。经济运行只要在合理区间、不超出底线或高压线，就不必调整宏观经济政策取向。但在稳定的基础上，要运用好两大宏观政策，现在的思路是用好增量、盘活存量。经济结构有不合理的问题，金融结构、财政收支结构同样也有不合理的问题，让不合理的财政、金融结构去调整不合理的经济结构，能否取得预期效果是很值得怀疑的。因此，新政府提出财政、金融政策也要调自身的存量，这里的盘活存量，从金融支持实体经济的十条政策的出台看，既要有序推进金融、财政体制改革，促进经济稳定增长、调结构，也要制定相关政策利用好存在财政资金和金融资源，发挥金融、财政的政策引导作用。

34. 共产党的自我整顿

■ 覃爱玲

不包括目前正在推行的"群众路线教育实践活动"(反对形式主义、官僚主义、享乐主义和奢靡之风这"四风"),按照中共文献的流行分类,自1942年延安整风运动至今,可以统称为"整党整风"的全党行动共有10次。其中,自1980年代以来的则有1983至1985年整党、1998年至2000年"三讲教育"、2005年2006年"保先教育"和2008至2009年的"学习实践科学发展观活动"等4次。

某种意义上,是毛泽东等中共领导人通过延安整风运动开创了中共的整党模式。随着毛的去世,虽然每次整党整风,中共的宣传话语仍会直接从延安整风运动中寻找合法性和传统,但这种党的自我净化方式本身已发生了巨大变化。

从公开报道中可知,新任总书记习近平对从中共历史中吸取治党经验表达了深厚兴趣。梳理毛泽东去世后的近4次中共整党整风行动的经验得失,对于目前正在大力推进的"教育实践活动"有较强的针对性。

后"运动"时代的整党

"中国共产党老早就说不能搞运动了。"面对有学者"新的整党运动"

的提法，中央党校党史部副主任谢春涛表达了自己的不同看法。

在中共党内的话语体系中，"运动"有着特定含义，大约是指发动群众，通过批斗式方法来解决某些特定问题。

中国艺术研究院研究院祝东力认为，整风是中国共产党经常采用的一种自我整治、自我完善、自我净化的方式。中共早期作为一个马列主义革命党，以主义立党；按列宁的建党原则建立组织。所谓"主义"就是宗旨和理念，并有一整套哲学社会科学作为理论基础。建党原则又强调严密的组织纪律，要求统一思想和行动。这两个方面都比较特殊，所以整风的做法其他政党很难模仿。

自延安整风动运后，在毛泽东时代，过几年一次的运动几乎成为一种常规的社会治理模式，在"文革"中更是发展到了极端。许多中共高级干部和知识分子都曾深受其苦。于是，在"文革"结束后，"不搞运动"成为新的领导集体的共识，也成为后毛泽东时代整党整风与之前相比的最大特点。

然而，国内外的舆论和媒体中，仍然习惯地将这种通常持续一两年时间、从形式和话语上以延安整风为学习蓝本、涉及全体党员或者党内干部的政治思想整治活动，称之为"整风运动"或"整党运动"。虽然，此运动已非彼"运动"。

历次整党整风，有两大目的或其中之一，一是配合政治路线的转变，在思想和组织层面进行整顿，比如1983年整党清理"三种人"；一是作风斗争，执政后则主要是反对权力带来的官僚主义和腐败等问题。

值得注意的是，政治路线的转变，如果有组织手段可以保证，即不遵守者则清退，通常都较成功；但对于作风问题，尤其是在改革开放之后，即使在被认为较为"动真格"的1983年整党，对社会严重关注的以权谋私、贪腐等问题的解决效果都很有限。

究其原因，一个面对强敌、以军队成员为主的在野党更容易实现思想的统一，而一个手中掌握着政权、时刻面对权力这种"天然腐蚀剂"的执政党，在缺乏有效的内外部制度监督的情况下，仅靠思想教育显然是有致命缺陷的。

相比之下，"运动"的确有一定效果，但其效应是短期的，并不能铲除其产生条件，并且会随着时间而效益递减，于是，通过"运动"的方式改进作风或者反腐，决定了其必然需要"过几年来一次"的反复进行。

扩大化和走过场，是运动式整党整风可能出现的两种极端。这与"人治模式"的天然模糊性、治理成效取决于"尺寸"如何把握有直接关系。一个直观的印象是，由于当时意识形态纯洁性和党的高度一元化，毛泽东时代的整党运动经常容易走上扩大化一边，而此后，则容易流于走过场。张鸣认为，在面临严重问题的情形下，"你好我好大家好"显然不会有什么作用。

"思想教育"的政治限度

中共党建理论著名专家甄小英亲历了 1980 年代以来的历次整党整风。她认为，不能简单地认为思想教育没有作用，中共建党史上一个重要的创举即是"从思想上建党"。

1979 年真理标准问题讨论之时，甄小英刚到作为讨论大本营的中央党校工作不久。她犹清晰地记得当时不少党内人士对新的改革措施思想抵触很大，"不少人真觉得辛辛苦苦 30 年，一觉回到解放前"。

而"三讲"教育的背景是，一是腐败比较严重，二是当时提出建立社会主义市场经济体制还不久，社会上出现了比较突出的"姓社姓资"争议。"三讲"教育的发起地同样是中央党校，以时任中共总书记江泽民在中央党校的一次讲话正式开启帷幕。甄小英的印象是，"当时江在党校讲时，争议还很大"。

此后的"保先教育"和"科学发展观学习实践活动"，同样是针对党员干部在特定形势下的教育活动，比如前者主要针对"全民党"与"精英党"之辩，后者则是针对发展中出现的贫富差距加大、环境污染严重等问题，更重视经济发展的社会效应的"公平"与"效率"之辩等。

从她所经历的情况来看，甄小英认为，就统一思想来看，这种运动模式还是起到了一定作用，但不能寄希望于思想教育解决所有问题。重要的是，要将思想能解决的问题通过思想解决，而其他需要进行制度化才能解决的问题通过制度化解决。比如，对腐败和奢靡作风等问题，对权力的制度化约束才能解决。

这种大规模的活动，虽然具体的执行效果未必明显，但对于宣扬领导层的执政理念，的确起到了非常大的作用。"三讲"、"保先"的口号到了全国上下童叟皆知的程度。

运动加制度？

从公开信息看，习近平自担任中共总书记以来，对从党的历史和传统中吸取执政经验保持了浓厚兴趣。

年初，他曾提出引起广泛关注的"两个不能否定"，即"不能用改革开放后的历史时期否定改革开放前的历史时期，也不能用改革开放前的历史时期否定改革开放后的历史时期"。6月25日的政治局第七次集体学习中，他明确提出，"加强党史学习是各项事业继续推向前进的必修课"。

除了"洗洗澡、治治病"等口号明显继承于延安整风运动的历史话语，此次"教育实践活动"综合吸取了一些具体的历史经验和教训。按照甄小英等党内理论专家的分析，最主要的一点经验即是，将思想教育运动与制度化结合在一起。

整风运动是中共第一代领导人毛泽东的重要整党模式，而"制度化治党"则是中共第二代领导人邓小平在汲取"文革"教训后，提出的最重要治党概念。现在，新的中共中央领导层在继承历史经验基础上，有望将思想教育运动与制度化结合,实现治党的突破。

针对容易流于形式的作风整顿,与此前许多流行的大口号相区分,此次中共的整风活动有着许多非常细的规定,包括统筹制定领导干部的工作生活待遇标准等。并且提出了7个"着力点":着力改进学风文风会风,着力控制"三公"经费支出,着力整治跑官要官等选人用人上的不正之风,着力解决吃拿卡要问题,着力解决接受会员卡、商业预付卡问题,着力解决"形象工程"、"政绩工程"和各种节庆、论坛、招商会、国际性会议泛滥等问题,着力制止滥建楼堂馆所问题。

"大家会不会觉得是一阵风?很多干部还在观望。"在甄小英看来,在"屋子太脏了"的情况下,通过一段时间集中整改,再将有效的方法通过制度固定下来,用5至10年时间建立一个完整的党内法规体系,将集中整治与常态化、常效化、制度化结合起来,加上公开透明,来自媒体等社会监督,不失为目前情况下整党的一种现实有用的选择。

6月25日,中央政治局带头,花6个半天时间率先进行自我学习整顿活动,并称"要求别人做到的自己首先做到,要求别人不做的自己绝对不做"。与过去的大多数整顿活动主要是上对下的要求不同,这一政治局带头的新方式,使不少人看到了整风的执行力度和更大的现实效应。

当然,由于过去多年来的经验,坊间舆论仍多对这种整党形式在当前能取得的成效持谨慎态度。这也从另一个侧面证明了,中央政治局带头、上行下效的重要性。

35. 清末官僚资本主义的教训

■ 南方朔

近年来，由于中国的经济崛起，"国家资本主义"忽然成了世界上的热门话题，到了现在，美国的评论界对这个问题的意见逐渐集中。对中国国企的抨击开始日趋凌厉。前"美国中国商会"会长麦健陆（James McGregor）的近著《前不见古人，后不见来者：中国威权资本主义的挑战》可以说即是一本重要的批评之作。

近代的发展中国家，为了求发展而有国企，因此我对国企的正当性并不怀疑。在社会主义思想史里，1896年德国社民党创党人李卜克内西（Wilhelm Liebknecht）即首先提出"国家资本主义"的概念，认为"国家社会主义"即"国家资本主义"，它早期只是个抽象概念，到了1917年俄国革命成功，"国家资本主义"才成为事实，因此西方人都将俄国称为国家资本主义的滥觞。

只是西方人不知道，中国在国家资本主义上也是个先行者。清朝末年，由于中国积弱，同光中兴的时代，遂出现自强西化的运动，兴起了一种官督民办的企业，它是由政府出资、官僚办理的企业。举凡造船造舰、钢铁桥墩、电报、航运、银行等均属之，并因此而形成庞大的官僚资产及官办阶级。由于他们是用国家的资本及特权为自己做生意，因而产生了许多富豪官僚，李鸿章家族、盛宣怀家族、两江总督周馥家族都是代表。

清末自强洋务运动的官僚资本主义，乃是国家资本主义的一种形态。近代中国学术界对这种官僚资本主义很少做经济史的研究。尽管如此，人们仍知道官僚资本主义养出一批官僚巨富，他们贪腐成性，由清末的许多笔记札记，我们已知道这些豪门子女，他们赌起钱来，都是黄金整条整条的押注，手上则拿着整叠的房地契当赌本。清末民初上海的畸形繁荣，有一大半都和官僚资本主义有关。但这种官僚资本家真的懂经济和科技吗？却又未必。当年李鸿章即承认"江南制造局"做的简单洋枪，打土匪或许有用，但只要一面对外敌即完全无用，清末的北洋舰队相当落后，一到甲午海战，立即溃不成军。

因此，国家资本主义是个很值得研究的题目。俄国革命后的国家资本主义，以基础工业和国防工业为主，它在俄国革命成功的初期的确发挥了作用，俄国的国防工业纵使到了今天，仍和美国难分轩轾；中国在太空、深海及尖端卫星科技上进步神速，我认为是受到俄国相当大的影响。

但中国另外一部份情况，我则认为是受到清末官僚资本主义的影响较多，它以内部的垄断为主，由于它以特权为靠山，因此所涉利益庞大，很容易养成贪腐的习性；其次则是官办的企业，由于特权的保护，成本便宜，因此名目上的利润会灌水，显得偏高，但实质的利润却极低；第三则是官办企业，容易从国家身上得到资金的援助，官办企业会有投资过度，扭曲国家资源的配置等重大弊病。麦健陆在新书里指出，中国国企乃是一种投入驱动的成长，而不是生产力带动的成长；国企由于资金获得容易，都用这种容易的资金来炒房，排挤掉民营企业生存的空间，也扩大了资金的错置。

最近，我读了麦健陆的新作。我对美国人抨击中国国企在海外兼并扩张，抨击中国国企对外国企业有太强的抵抗力等，其实并不是那么同意；但美国商会对中国国企的结构不良、资源浪费、贪腐盛行等方面的分析，我却很同意，因为这种弊病其实清末的官僚资本主义时代即很普遍。因此，我认为中国对国企的改革也必须加快速度，但清末的教训不能忘了。

36. 大众政治的"造梦术"

——以美国为例

■ 陈伟信　香港国际问题研究所秘书长

很多时候我们观看外国电视剧只是为了娱乐，但不少学者的研究均指出，流行文化本身有一定的政治意涵，也影响一代人对于其他国家的观感。举例来说，学者 Janice Xu 指中国的网民透过收看外国剧集以学习西方文化及现代文明的生活方式，而 Qiaolei Jiang 及 Louis Leung 的研究则指出，透过观赏外国剧集并与同窗好友讨论内容，一方面可以学习到外国文化，另一方面则可以作为社交谈资，增进个人的社会资本。

不像韩剧多以情爱内容为主题，美剧覆盖从生活到罪案、从政治到科幻各个类型。然而，不论题材如何天马行空，这些电视剧都有一定的隐规则，它们既与美国的"政治正确"观若即若离，也与美国受众的心理定势遥相呼应，并且可能随不同的历史时期而变化。

美剧的角色定型

从 NBC 共播出 20 季并仍有衍生剧不断问世的《法律与秩序》，到 CBS 自 2000 年热播至今的《犯罪现场调查》(CSI)，美国的侦探剧（罪案悬疑剧）长盛不衰，成为荧幕上一道独特的风景线。不同于老牌侦探剧多以真实案件为摹本、主打专业知识普及，近来的侦探剧往往走向固定的角色设定：以一个精神有问题但能力出众的男性警方顾问，搭配一个独立自主的伴侣（通常是女性协助者或求助者），借以凸显男女平权。

以 CBS 剧集《基本演绎法》（Elementary）为例，剧中现代福尔摩斯原是英国苏格兰场的顾问，成了瘾君子后在纽约的戒瘾康复治疗中心遇上了戒瘾伙伴乔安·华生；不同于BBC版《神探夏洛克》，美版华生是亚裔女性，且精明强悍远胜男版华生。而在 CW 新版《美女与野兽》中，男主角是义务警员，有野兽基因，容易发作变身，女主角是重案刑警，掩护他并求教于他，双方形成一种互补关系。类似的角色设定还出现在 FOX 前年三季而终的《别对我撒谎》中，男女主角都是谙熟心理的博士，莱特曼关注细节而吉丽安关注大局，他们在一起能很好地平衡合作。

而在 USA 电视网自 2002 年连播八季的《神探阿蒙》（Monk）中，阿蒙虽有出色的侦探头脑，但在日常生活中有严重的强迫症及焦恐症，因此极度依赖女看护的照顾。这种"男弱女强"的配合，亦见诸美国不少侦探剧，像 TNT 连播七季的《罪案终结》就重点刻画金发美女的审讯才能，更遑论《绝望的主妇》、《傲骨贤妻》这类以中年女性心态主导的非侦探剧集。相对而言，国内的剧集普遍维持着"男强女弱"的情况，即女性在剧集的定位，主要是协助者及依赖者的角色。

自 1964 年美国国会通过《公民权利法案》后，美国女性的地位显著上升，特别是接受教育的权利，更在全球名列前茅。因此，在传统美国个人主义的社会气氛感染下，美国女性一般而言均有独立自主的能力，即便面对社会不同程度的歧见及生活问题，亦能够淡然处之。这自然也反映在美剧里。例如 FOX 长播剧《识骨寻踪》（Bones）中，女主角贝伦博士青少年时期父母失踪，自己被送到青少年之家，及后更发现父母其实是罪犯。然而，在这些社会学上不利正常发展的情况下，贝伦却成功自立生活并获得 3 个博士学位，彷佛暗示女性在美国社会可以享有的社会地位，不受家庭背景影响。

当然，在这宏观的美剧性别平权操作中，一方面不是所有内容都映照现实：例如《纸牌屋》中的女记者以私情交换情报，与她有竞争的驻白宫记者也是女性，但现实中大部分跑国会和白宫的记者均是男性，反而女记者的色诱之举更像影射女特务如美女间谍查普曼；另一方面，剧场的角色设定也暗示最终的男尊女卑思想。例如女性的角色即使被塑造到独立自主，她们最后均会与男主角有一定的感情瓜葛，或被与前度的感情事影响判断。这些独立自主的女性最终的安置场所往往是男主角的家庭中——虽然有其收视因素的考虑，亦反映女性作为独立自主的概念并不完全确立于美国社会中，特别是在设定为传统背景的剧目中，女主角的社会地位更为低下。

隐含的结构性歧视

不同于男女平权可以为美剧增加人气，种族问题在美剧中通常不会得到大肆声张，但仍然有迹可循。学者 Mary Beth Oliver 曾就美国的电视剧作文本分析，得到的结论是一般而言白人演员多数扮演着警察的角色，而黑人及拉丁裔演员则多扮演匪徒的角色；而当出现盘问的场面时，黑人及及拉丁裔"匪徒"往往成为警察暴力的受害者，反之即使白人演员饰演罪犯，他们的待遇往往得到白人律师的照顾，能在警方面前争取平权。

事实上，非白人种族在电视剧中被边缘化的细节比比皆是。例如在《基本演绎法》中，黑人探员贝尔的形象被塑造成白人警长的跟班并不时批评福尔摩斯的推论，行事手法亦比不上身为瘾君子的福尔摩斯。即使身处高位如检察官或警长，黑人及拉丁裔演员的角色却变成了闲角，只会在案件期间质疑主角的判断以及在完结时收场出现。最典型的例子莫过于《灵书妙探》（Castle）中的白纪婷的两位黑人上司；《美女与野兽》中女主角的黑人搭档和上司同样如此。

这亦相当符合美国当下的社会情况。虽然美国出了一名黑人总统奥巴马，但不代表美国国内的种族歧视问题消失，反之随着近年美国经济不景有死灰复燃的迹象，特别是在有蓄奴传统的南部州份。即使如国际都会纽约，结构性的种族歧视仍然存在。今年8月纽约联邦法院在审理一宗有关"盘查拦截"的案件时指出，2004年至今近400万宗盘查拦截，8成对象均是非洲裔或拉美裔，比纽约市人口的比例多出近3成。这种结构性的偏差最终被判定违反美国宪法第14条，即每名美国公民均享有平等保护及免受当局不合理搜查的权利。然而，不论是引来伦敦骚乱的"三叉戟'打黑'行动"，还是白人巡逻员齐默尔曼射杀黑人青年马丁的案例均表明，美剧中对于有色人种的结构性歧视，实际上是活生生地发生在西方社会事件中。反过来说，这些根深蒂固的暗歧视，也有意无意间成为美剧内容的一部分。

不着痕迹的"美国梦"

不管美剧中有多少性别定型元素或种族歧视问题，几乎所有剧集均有两个基本的共通点，一是美国的国家利益是至高无上的，必要时以违法的手段执行任务亦在所不计，典型例子是《24小时》和《尼基塔》；另一方面是，主角即使是被正常社会排斥的一群，他在美国社会仍然有一席之地，甚至在美国政府的利用下发光发热。

《基本演绎法》中被英国遗弃的福尔摩斯得到纽约警方的重视；《灵书妙探》中小说家贾荣卓弃文从武，协助警方侦破一单又一单的凶案；《罪案第六感》（Perception）中的皮雅斯博士即使患有精神分裂症，他所产生的幻觉仍然得到美国社会的接纳，成为警方顾问名单中的一员……凡此总总，均有意无意突显"美国梦"的概念：只要你有能力，美国社会总有接纳你的空间；只要你有能力，美国便是你可以大展拳脚的地方。然而，当我们套诸现实社会，又有多少个精神病患者或瘾君子可以得到美国警方的青睐奉为上宾？

美剧并非白璧无瑕，它透着性别夸张、法律僭越和种族意识残留，但它毕竟可以造梦，营造出不分贵贱皆可成功的剧场效果，这就是流行文化的威力。事实上，按照著名的国际政治学者约瑟夫·奈的理论，真正能够使外国社会心悦诚服的并不是军事或经济那些硬实力，而是文化及价值观这些软实力，而电视剧正是这些软实力的重要载体之一。著名的法国导演高达（Jean-Luc Godard）曾在他执导的电影《小兵》内说明，"电影是每秒24格的真实"。对于一般民众而言，流行文化反映的便是他们对于那个国家所知的"真实"，即使在遥远的他方事实并不如此。美剧中那带着偏见的美国梦及美国社会特质，也许正担当着如此的建构角色。

37. "吃吃喝喝"的政治

■ 赵义

中国传统的饮食文化高度发达，"舌尖上的中国"令人目眩，与此同时，"舌尖上的腐败"也是传统社会的痼疾。

其中有一个典故很有意思。北宋奸臣蔡京，是宋徽宗朝"六贼"之首，生活也是奢靡得很。宋人罗大经《鹤林玉露》曾记载："有士大夫于京师买一妾，自言是蔡太师府包子厨中人。一日，令其作包子，辞以不能。诘之曰：'既是包子厨中人，何为不能作包子？'对曰：'妾乃包子厨中缕葱丝者也。'"这也是"盛名之下，其实难副"的另一个版本吧。而蔡京本人呢，最后被流放，带着一船的财物，却没人卖给他"食饮之物"，走到哪里都被人骂，"遂穷饿而死"。

今天，人们常把广受诟病的"三公消费"之一即公务招待，形象的称为公款吃喝（虽然两者并不完全等同）。每年公务接待的费用到底是多少？《人民日报》4月19日的一篇报道称其"扑朔迷离"，否认了最流行的"2004年全国公款吃喝3700亿元"的说法，目前只有2006年官方披露的数据：2006年，财政部预算司披露，公款伙食费172亿元。但毫无疑问，如果一个干部被评价为"吃吃喝喝"，那就是很糟糕的事情了。比如，前领导人朱镕基1993年就曾痛斥："自己不勤政，又不廉政，吃吃喝喝，乱批条子，任人唯亲，到处搞关系，把国家财产不当一回事，你坐在主席台上面作报告，下面能不骂你？"

中央"八项规定"、"六项禁令"和倡导厉行节约以来，公款吃喝现象遭受重大打击。但近日中国青年报社会调查中心一项题为"你怎么看一些地方公款吃喝回潮"的调查显示，52% 的受访者对近期治理公款吃喝的力度表示肯定，而 91.4% 的受访者担心公款吃喝之风大面积回潮。

担心是有道理的。栽在吃喝上的官员不少，但中央媒体最近也披露了各种将公款吃喝隐蔽化的手法。比如，一些连锁的高档饭店，装修豪华、位置显要、名声在外，纪检部门盯得也紧，很扎眼，不少高端公款消费就转移到公园或者寺庙等里面的私人会所，消费价格更惊人。央视《新闻1+1》的一期节目就揭露，全国"两会"期间有私人会所接待司长的事情发生。还有的是把"战场"转移到机关的内部食堂，即所谓的"小食堂"，厨师是从高档饭店聘请的，内部食堂自然价格是便宜的。或者将宴请转至民宅，"私人请客、公家出钱"，公款吃喝披上了"家宴"的外衣。

为了不惹人注意，形式上也花样翻新，比如茅台等好酒标签撕掉或是倒入普通酒瓶，然后再上桌。而有的官员采取让司机把自己送到后公车立即返回、餐后再接的办法，以策"安全"。

整个事情的发展链条是比较清晰的，为了不被纪检部门和媒体盯上，成为"顶风作案"的"牺牲品"，不断转移场所和变换形式。其目标其实就是防止"中枪"，只要不曝光，公帑是照花不误，实则反映政府预算缺乏监督的致命缺陷。

与之相反的逻辑链条自然是，政府预算中公务接待项目一定要细化到位，公开透明，公务接待费的去向要落实到具体人身上，审计要"给力"，结果也要公开透明。说到底，就是要把每一笔公务接待追溯到具体的个人，并"大白于天下"。这个逻辑链条并不复杂，但其中的每一步落实起来都困难重重，进展缓慢。

回顾过往整治吃喝风的历程，甚至有过以反腐为名逃避官员责任的做法。比如2005年，一个地方出台了个规定，声称为防止腐败现象的滋生，"各级领导干部一律不得到宾馆、酒店、公共娱乐场所签单"，如工作需要可由单位办公室主任签单，但必须在月内结清等。《人民日报》的评论就质疑"有保护领导吃喝玩乐之嫌"，由办公室主任签单，谁也不知道是张领导还是李领导在吃喝玩乐。这样的反腐败措施意欲何为？

　　现在整治吃喝风，则有"禁公款吃喝影响拉动内需"这样的谬论。看起来，吃喝这种事情，也很典型反映我们改革的一个宿命——在触碰到掌握权利者的利益之时，总是可以找到包括舆论在内的手法，进行抵抗或者消解。这也反映了今日改革者所面临的最大困境。只要还有一点良知，我们就实在看不出依赖于浪费人民血汗钱的公款消费的饮食业或者奢侈品行业，对这个社会有什么积极意义。

38. 马尔萨斯、潘恩和生育政策

■ 郭凯　南风窗高级编辑

英国在法国大革命前后涌现的不同思想理论派别间的交锋，为后人留下了很多启示。其中，这些理论交锋在人口和生育政策方面的启示，对当下中国尤为珍贵。

根据加拿大政治学者大卫·麦克纳利的研究，保守派的理论家柏克的《法国革命论》，实际上在当时的反激进话语的立论中是比较无效的。这不仅因为推崇有限君主权的辉格党和英国"光荣革命"的血脉联系，导致了辉格党和柏克在论争初期的立场分离，而且柏克向来所带有的对下层民众的诋毁和嘲弄色彩的语言，更反过来从言论上武装了英国平民激进派中的理论家。但是，马尔萨斯的《人口原则》横空出世，以人口过度增长和贫穷之间关系的"自然法则"，挑战了激进派理论中的最基本的人权原则，最终迫使激进派的论争走向政治经济学批判。

英国政治理论家潘恩在1791年和1792年所发表的《人权论》的两部分，可谓法国大革命前后英国激进派的泰斗之作，尤其是他在1792年发表的《人权论》的第二部分，轰动一时。在《人权论》的第二部分，潘恩论述了人必须获得生活必需品的生存权是基本人权，将人权做了历史性的扩充定义。而按照英国的贫困救助法规的传统，这一生存人权是要由国家的公共财政来保障的。柏克的《法国革命论》丝毫没能够动摇潘恩的《人权论》，但是马尔萨斯的《人口原则》却引发了这样的问题——若贫困是由于人口相对于粮食生产、可用土地和自然环境的过度增长导致的，或者若贫困是由超越个人和公共抚养能力的生育行为造成的，那么必须获得生活必需品的生存权这一人权，是否还能存在或者成立？马尔萨斯的论述是相当残酷的，但是结合现实，会发现他的许多论述又相当有力——马尔萨斯认定，人口过度增长的恶果基本都仍然要被社会下层所承担，而超越或者不具备抚养能力的生育行为，是违反"自然法则"的。

马尔萨斯反对在事实上呼应了生存权的穷困救济，因为他认为这会增加违反自然法则的不具备抚养能力的生育行为，进一步导致社会贫困。虽然马尔萨斯的立场是真正反（英国）传统的，但他的逻辑实际上也意味着，人必须获得生活必需品的生存权，要和适当的人口生育政策在一起，才能成立；被生育出的孩子，并不会因为是父母犯错而被违反"自然法则"的恶果赦免，获得必须被保障的生存权。正因为马尔萨斯的《人口原则》作为政治经济学经典而传播，并且其论述有力地削弱了英国激进派的人权理论，英国和法国大革命有关的理论交锋后来也走向了政治经济学理论交锋，这也就是后来马克思所走的道路。

从法国大革命时期的英国论战回到中国当下，我们也可以说，若干年来真正维护了中国人生存权的一个最重要政策，恰恰就是中国的计划生育政策。这一政策的某些施行程序是可以再优化完善，但结合中国的人均占地仍然过低和农业劳动力仍然严重过剩的情况，目前的计划生育政策应该坚持不放松。英国在 1900 年的全盛时期，就只有 10% 的人口在从事农业，今天在台湾地区和韩国，这一比例只有 5% 到 6% 左右。中国要提高农业劳动生产率，即便把农业从业人口降到 10%，也还要多年。历史上英国能率先在全球进入工业化现代化阶段，正是由于人口数量大幅降低造成的人均占地的大幅增长和劳动力的相对短缺和价格上涨,迫使工业技术革命在利益驱动下结合煤炭能源等其他条件而最早实现。而完整的人权保障和受雇佣阶层的团结的力量,也是在劳动力供给相对紧张、劳动价值上涨的环境中获得突破的。

39. 改革的大境界

■ 赵义

以中共十八届三中全会为标志，中国的全面深化改革正式启动。一月有余的时间过去了，中央部委的重要官员开始陆续接受记者采访或者发表文章，介绍与本部门有关的改革计划。

与实务部门的动作相对应的是，理论界对于改革方法论的讨论也很热烈。其中最为人关注的当属"系统改革论"，也就是全面深化改革决定中提到的，改革的系统性、整体性和协同性。习近平总书记关于改革的重要论述中，也多次强调了改革方法论问题。

"系统改革论"包含很多子题目，比如顶层设计和基层创新的结合，改革顺序的设定等等。其中改革的顺序很重要，比如金融市场化，事关者大，就要把握节奏。还比如，过去基础行业国企垄断的改革，由于市场力量不发达，有效竞争只能停留在理论，而对垄断环节的监管却没有给予应有的重视。到了今天，社会资本已经很雄厚，自由竞争就成为了可能。这个时候，放开竞争和有效监管应同时得到加强。

过去这些年，我们不是没有改革，也不是不想解决"体制性障碍"，但由于改革系统性和协同性的缺失，结果就是单项改革的异化，或者流于表层。比如个税改革，多年来一直是社会关心的焦点问题，但综合和分类的改革迟迟难以启动。因此，个税改革始终围绕起征点打转转，家庭负担等影响个税公平的更大因素难以被考量。

一种解释是，由于信息系统的薄弱，掌握不到数据，所以改革无法进行。的确，我们国家的信息数据的建设仍存在很大问题，无论纳税还是收入都是如此。个税分类、综合改革，也并不是一个部门能解决的事情，所以需要"系统改革论"。

不过，过去我们也不是没有部门之间的协调形式，"联合发文"就是一种常见的形式。现在看来，问题的关键是有形式，但部门利益之间的协调很难进行。正如个税改革所显示的，相关政府部门的收税动力是很足的，而对于促进公平实际上动力是不足的。当年推行增值税也很麻烦，但关系到国家税收收入，努力之下还是做到了，金税工程1994年就启动了，搞了好几期，并且越来越严密。

在十八届三中全会之后，执政党开始筹建从中央到各级党委的"领导小组"，对改革进行"总体设计、统筹协调、整体推进、督促落实"。如果联系到十八大后执政党的一系列动作，可以看出，执政党中央领导集体正在党内树立令行禁止的氛围，三中全会后又开始以巡视全覆盖、纪委加强垂直领导等制度建设给出了充分的保障。党委直接领导改革，效果如何，值得认真观察和分析。

全面深化改革的未来是要"定型"，我们也应该看到，"体制性障碍"其实自己也在定型，并且在日益造就一个大家都不满意的"体制"。因此，全面深化改革事实上就是阻止这种我们并不喜欢的定型，来一次顺潮流的大反转。多中心治理，市场的决定作用，政府不再直接配置资源，宪法和法治的权威等等，都是体制性的根本变革。

十八届三中全会决定的一个精髓就是，重要领域和关键环节的改革不能总是处于"进行时"，而是要结出凝聚社会共识的，比较定型的果实。比如新提任领导干部配偶子女从业、财产、出国（境）等有关事项公开制度的试点，不可能一直处在试点阶段，在全面深化改革的框架里面，最终是要形成比较定型化的新任领导干部有关事项公开的制度，并得到广泛和有效的执行。如果10年内没有实现这样的目标，那么这个方面的深化改革就是失败了。

定型的过程，也是利益博弈、思想争论剧烈的时期。垄断利益、管制利益和部门利益是时刻醒着的。2013年政府审批权的下放和取消，就遭遇了政令不畅的"堰塞湖"现象—拖延应付，打折扣，搞变通等。

说到底，任何改革方法，比拼的就是政治领导力。这是政治家存在的最大道德理由。领导力的体现有很多方面，包括对于改革顺序的合理拿捏，搞好改革的"统一战线"，保证改革措施在落实中不走样等等。但无论什么方法，最终都是一种境界—莫让浮云遮望眼，顺应大势，为国家民族的命运负责。

具体的改革可以说是问题倒逼产生的，但一个执政党、一个政府推动改革往往是被时代倒逼出现的。今天中国社会经济的变化，包括人心的变化，已经为全面深化改革打开了一扇窗户。正如互联网时代，网络力量对于垄断国企的冲击，对于各个行业的冲击，其巨大的市场能量也决定了垄断利益难以用简单的行政手段进行遏制。这对现在的全面深化改革是真正的利好。包括政府的一些公共服务职能由社会组织承担也是这种情况。

改革如果只是在体制内打转转，难免有被绑架、被架空的危险。即使是党委直接领导改革，也是如此。

任何改革方法，最后都是一种境界。邓小平当年推动中国改革开放，看到了两个东西，一个是全球巨变，一个就是国内民心的变化。今天我们全面深化改革，仍然需要这样的大境界。

40. 无知之幕的时代

■ 叶竹盛 南风窗高级记者

当年高衙内要是在大街上喊一声"我爹是高俅",管用程度肯定远超如今的一句"我爸是李刚"。过去千年的皇朝社会,除了一两百年才来一次的农民起义或外族入侵,皇帝基本稳坐龙椅。文武百官只要伺候好皇帝和上峰,基本也能高枕无忧。

那个"超稳定"的时代显然已经过去了。尽管存在阶层固化、贫富差距、制度锁定等现象,但是相比传统社会,现代社会中个人的际遇显得更为动荡。

昨天还是参与扫黄的女警,今天就可能被误认为是"小姐"而遭警察殴打;昨天还是信访局长,阻止访民越级上访,今天就得为了女儿的离奇死亡而跨市上访;昨天还是严酷审讯嫌犯的刑警,今天就可能变成阶下囚,成为刑讯逼供的受害者;昨天还是掌控垄断行业的巨头,今天就可能进班房等着获释后重新创业;昨天还是手握法槌的法官,今天就可能成为法庭上受审的被告……

这些都是现实中上演的故事。数千年的传奇才足以凝聚成一本《聊斋》,而现代中国几乎每天都在上演"幻觉现实主义"。

政治哲学家罗尔斯在他的《正义论》中构想了一个"无知之幕"。在这块幕布后面有一帮人,他们不知道自己的身份、爱好、财富、性别、性格等所有一切个体性的因素,甚至不知道自己到底是生活在战国时期还是工业化时代,是被投胎到美国还是中国,只知道自己是一个具有理性能力的人,和众人一起生活在社会中。

罗尔斯让"无知之幕"后的这帮人开会讨论什么样的制度才是最正义的。一旦共识达成了,就撤去"无知之幕",所有人恢复生活中的具体角色,你可能是高帅富或白富美,也可能只是穷屌丝或矮矬穷。不论你的"真身"是什么,揭幕之后只有当你不会为自己在幕后所设计的制度而反悔时,这样的制度才是正义的。因此你绝对不会同意"只有高富帅才能上清华北大"或者"穷屌丝不能娶白富美"这样的规则。

"无知之幕"只是罗尔斯假设的理想情境,现实中不可能存在。但是这并不等于说现实中不会出现类似"无知之幕"这样的情境。"幻觉现实主义"中的每个主角都可以说是经历了揭幕的过程。

这个急剧变动的时代实际上给每个人的现在与未来之间挂上了一幅"无知之幕"。在社会学家吉登斯看来,现代区别于传统的关键就在于现代社会的风险性增加了。风险社会理论的创始人贝克提出,传统社会的个人身份主要根据财产划定,而风险社会中无处不在的风险也成了划分身份的重要因素。

如果说个人对财产还具有一定的可控力,那么对现代源于技术、制度的风险则几乎没有抵挡之力,因此个人身份处于前所未有的变动状态之中。在吉登斯那里,风险社会被定义为"一个越来越受制于未来的社会",这是因为人们不确定未来自己将身处怎样的环境,甚至不确定未来自己的具体身份,所以不再无忧无虑地把握"当下",而是更具有忧患意识。贝克用了一个精妙的比喻,他说风险社会中的风险就像"飞来去镖"一样,一个人种下了"因",将来"果"就可能找上门。

当下中国,越来越多人被自己投出去的飞镖击中。沦为阶下囚的高官大概会开始反思在位时的不义，受审的法官估计不愿意遭遇司法黑幕，而重新创业的老板则希望面对的是一个自由竞争的市场……无知之幕的时代实际上将理论上的思想实验搬到了现实中，让每个人都有机会去体悟何为正义。

41. 雾霾背后的两个中国

■ 张慧瑜　中国艺术研究院电影电视艺术研究所

近一个月来，不仅华北、长三角地区时常笼罩在一片浓重的雾霾之中，而且中部、西部地区也遭受"霾伏"，"雾霾中国"已经成为今日不可回避的发展之痛。汽车尾气、冬季燃煤、气候原因等固然也是加速雾霾形成的导火索，但工业尤其是重化工业污染才是真正的罪魁祸首。雾霾的出现也从反面印证着中国工业化水平的提升，至少达到了19世纪工业之都"雾都伦敦"的状态。不过，人们不愿意追问，为何21世纪的国际化大都市会漂浮着19世纪大工业时代式的雾霾，为何去工业化的城市空间会遭遇工业污染的侵袭？如果把雾霾来袭看成是来自"工业社会"的消息，那么对于生活在"后工业时代"的我们来说，雾霾真正意味着什么？

后工业时代的工业废墟

近年来，世界范围内已经有多部电影讲述后工业社会与工业社会之间的冲突或战争的故事，其中典型者包括2012年在印度上映的以纳萨尔派游击队为原型的影片《无法避免的战争》，2013年初法国、加拿大联合制作的讲述来自下层空间的屌丝男逆袭上层空间白富美的科幻片《逆世界》，2013年韩国暑期上映的讲述恐怖袭击的电影《恐怖直播》。

再如2013年下半年一部叫《极乐空间》的好莱坞科幻片，是执导《第九区》的导演尼尔·布洛姆坎普拍摄的第二部电影。在这部大量使用手提摄影的科幻片中，讲述了两重世界的故事。在未来世界，地球变成了人口过剩、垃圾成堆的贫民窟，而富人们则逃离地球在外太空建立了一个"极乐空间"。这是一个阳光明媚、绿荫婆娑、高度发达的世界，生活在地球上的人们无不向往那样一个遥不可及的天堂。一个工厂工人马克发起了"偷渡"极乐空间的逆袭之旅，最后马克以格式化极乐空间操作系统的方式，让地球人也享受到极乐空间的恩泽。这确实很像全球化时代发达国家所面临的非法移民的问题，值得关注的不在于好莱坞个人主义英雄再一次拯救了世界，而是世界被想象为富裕和贫穷的两极世界，一个19世纪的人类图景再度重现。

事实上这样的图景在电影史上并非先例。早在1927年初，德国表现主义电影大师弗里茨·朗的科幻片（默片）《大都会》首映，这部当时的大制作讲述了2026年未来人类社会的场景，社会被区分为两个空间，一个是地上的阳光明媚、鳞次栉比的大都会（来自导演对纽约的印象），另一个是生活在地下的工人及机器人支撑着大都会的日常运转。这样两重社会空间的想象并非对后工业社会的描述，而是对19世纪资产阶级与无产阶级分裂的两极化社会的再现。这些顺从的、默默无闻的机器人既是一种科技高度发达、机器取代人力的象征，又是对工业时代无差别的产业工人的隐喻，其英文词Robot本身有奴役、苦役的意思。可以说，以机器人为原型的科幻作品一方面呈现了人类生活在"大都会"的未来景观，另一方面又继承了资本主义两极分化的社会关系。

2008年的电影《机器人瓦力》也是如此，逃离地球的人类生活在一尘不染的、景观消费的后工业空间，而地球则是被抛弃的堆满垃圾的工业废墟。

从《大都市》到《机器人瓦力》到《极乐空间》，19世纪的"同一个社会，两重空间"的工业社会形态已经演化为20世纪的"同一个地球,两个世界"的后工业社会。这种二战后出现的新资本主义形态,随着八九十年代之交冷战的终结以及中国的改革开放而真正实现了"全球化"。对于欧美日等发达国家来说,高污染、高耗能的工业社会是一个逝去的昨日世界,金融产业、绿色经济、高新技术、文化创意等第三产业才是后工业社会发展的正途。后工业时代的秘密在于,消费者取代生产者成为社会的主体,这使得作为资本主义生产、消费循环的生产者与消费者的同一性出现了新的断裂。后工业社会的消费者只负责消费,而另外一部份地区的廉价劳动力只负责生产,过度消费拉动过度生产、过度生产又推动过度消费。

两个中国,两个世界

2013年岁末好莱坞科幻大片《地心引力》在中国上映,这部电影不仅在摄影棚中模拟了太空失重、漂浮、行走等逼真幻境,而且把中国天宫号飞船作为美国女宇航员脱离险境返回地球的诺亚方舟。无独有偶,就在美国宇航员踏上地面的那一刻,中国玉兔号发射升空开始登月之旅。与2009年灾难大片《2012》中把中国书写为制造业基地略微不同,《地心引力》里描述的中国不仅是世界加工厂,也是与美国比肩的高科技工业大国。相比之下,在另外一些好莱坞电影如《环形使者》(2012年)、《007:大破天幕危机》(2012年)中,代表中国的则是流光溢彩、熠熠生辉的新上海,一个如曼哈顿一般摩天大楼林立的浦东陆家嘴。也就是说,在近些年好莱坞关于中国崛起的想象中存在着两个中国,一个是承担着从低级到高端制造业的工业中国,一个是去工业化的后工业大都市。这样两个彼此平行的中国也是上世纪90年代以来社会发展的产物。

90年代以来,一方面是中国沿海地区迅速走向以对外出口加工为主的制造业之路,这导致内地农民工外出打工的大潮,也形成新的沿海工业带,另一方面中国大中城市则开始从工业城市向后工业城市转型,这既伴随着

50–70年代形成的国有大中型企业在"抓大放小"的改革中大部分破产重组，又导致90年代末期城市开始发展以房地产、金融产业、文化产业等服务业为主的第三产业。正是这样两种再工业化和去工业化的双重进程，使得新世纪之交中国成为世界加工厂的同时，也出现以"北上广"为代表的国际化大都市。如果说前一个过程产生了近代以来中国最大规模的工人群体——农民工、新工人，那么后一个过程则产生了消费主义时代的理想主体——中产、小资、白领等，前者是工业时代的生产者，后者则是后工业时代的消费者。作为社会弱势群体的农民工和作为和谐社会主体的新中产虽然是同时产生的，但却处在彼此不可见、不相交的平行空间里。

这样两种工业化与后工业化并存的社会形态，与其说是90年代中国现代化的特殊路径，不如说是复制了二战后西方发达国家的现代化经验。战后，在苏联等社会主义阵营的压力以及30年代经济大萧条的阴影，以美欧为代表的发达国家普遍实行福利国家制度，随着欧洲、日本经济从战争的废墟中复兴，发达国家出现了向第三世界国家（主要是东亚地区）转移低端制造业的现象，这种全球工业产业的再分工使得第一世界从工业社会"进步"到后工业社会，也被称为消费主义社会、晚期资本主义。19世纪的蓝领工人、无产阶级从发达国家的社会景观中日渐消失，蓝领白领化、中产阶级作为一种新的社会主体逐渐登上后工业社会的舞台中心。而那些工业产业的转移之地则借此"千载难逢"的机会迅速完成了工业化，这是亚洲四小龙在六七十年代经济崛起的大背景。就在亚洲四小龙工业产能过剩之时，90年代的中国全盘接过了全球制造业的接力棒，在此过程之中，亚洲四小龙向后工业社会转型，直到1997年亚洲金融风暴，丧失了实体经济的后工业之痛才突显出来。十年后，全球金融危机爆发，以金融产业为核心的虚拟经济遭遇挫败之后，实体经济、制造业的意义再次显影。

2009年美国《时代周刊》评选"中国工人"为年度人物，2013年央视年度经济人物"中国技工群体"获特别奖。2012年在戛纳电影节上有两部中国央视制作的纪录片放映,一部是讲述中国饮食文化的《舌尖上的中国》,一部是讲述近些年中国高端科技工程的《超级工程》。前者在国内放映之后引起了热烈反响,还掀起人们对家乡美食、传统文化的重新认识,后者则没有引起任何反响,尽管《港珠澳大桥》、《上海中心大厦》、《北京地铁网络》等代表着工业中国的最高水平。这种反应正好吻合于后工业社会的文化逻辑,对于前现代绿色美食的欲望要比冷冰冰的机械工程更能打动消费者的心灵。续《超级工程》之后,2013年11月央视再度推出讲述中国重装备制造业的纪录片《大国重器》,只是这种零星浮现的工业中国的面孔在后工业的文化雾霾中很难被看到和理解。

后工业社会完全改变了以生产为中心的现代及工业秩序,消费主义成为后工业社会的核心逻辑,这尤其体现在城市空间的改造中。这些曾经作为工业、现代化表征的工厂建筑变成了后工业社会需要被淘汰的污染源,布满广告牌的购物广场、步行街成为去工业化的主要都市景观。昔日的厂区变成空荡荡的废墟、遗迹或者"变废为宝"为文化创意工厂。正如中国经历了90年代国有企业的破产重组,城市中遗留下来的厂区要不被拆除变身为房地产,要不成为文化产业园,如北京的"798"(前身是50年代东德援建中国的军工项目718军工厂)以及南京秦淮河畔的"晨光1865"(前身是清朝末年李鸿章于1865年创建的金陵机器制造局),从事非物质生产的先锋艺术家们成为"工厂"的新主人。

新世纪以来,中国也出现了一种典型的后工业故事,就是对于工业时代的哀伤叙述。如《铁西区》(2003年)、《钢的琴》(2011年)等影像作品讲述工厂空间的消逝以及工人阶级消亡的故事,在人们通过影像记录、回望那段东北老工业基地剧烈转型的历史之时,也不自觉地认同于这种工人阶级必然逝去的挽歌。甚或在电视剧《大工匠》(2007年)中把50-70年代描述为工业版的"激情燃烧的岁月",这虽然是一群能工巧匠、感天动地的故事,但毕竟是已经过去的历史。这些都让后工业时代的消费者误以为工业生产真的成为历史、工人真的退出了历史舞台。从这种带有怀旧的感伤中无法看到 90 年代中国重新工业化的历史，就在老工人被赶出"生老病死有依靠"的社会主义单位制的时代，正是新一代产业工人如洪流般涌现进现代资本主义工厂的时刻。后工业时代最大的幻想，就是这种以消费为核心价值观遮蔽了生产者的世界，生产者并没有消失，只是转移到别处了。

如果说后工业社会是发达国家的某种真切的现实体验，那么对于中国来说，这种后工业式的文化表述则充当着一种文化雾霾和屏障的功能，使得中国再工业化的历史变得不可见、不可感知，就连承接全球制造业的新工人也变成了后工业社会的隐身人。更为荒诞的是，这种对于生产者身份的剥夺，使得后工业空间的消费者自身作为非物质生产者的身份也被遗忘了，直到他们真的无力消费之时，才意识到自己作为知识生产劳工的"底层"位置。

42. 数字时代的政治与权利

■ 罗德·A·贝克斯特罗姆（Rod A. Beckstrom） 三星电子美国首席安全顾问，世界经济论坛互联网未来全球理事会主席

我们已经建立了一个浩瀚程度超乎我们理解的网络世界。可以这样来形容它的大小：2012 年，新的互联网地址系统 IPv6 创建了超过 340 兆兆兆个地址——平均下来，地球上每个人的地址有 4.8×1028 个地址。新系统不但可以为目前已经联网的五十亿台设备提供服务，此外也能满足到 2020 年，预计 220 亿台设备联网的需要。

网络爆炸的难度不在于技术，而在于管理。我们必须回答有关生活方式的深层次疑问。是不是所有人和事之间都要建立永久性的连接？谁拥有哪些信息，信息公开应该遵循哪些原则？能否进行数据管理，如果可以，该从哪里着手？政府、企业和普通网民在解决上述问题时应该发挥什么样的作用？

我们不能对上述问题继续视而不见。随着虚拟世界的不断拓展，破坏信任和滥用个人资料的情况也越来越严重。监控已经加剧了公众对国家机构的不安、甚至是被迫害妄想症。以网络个人资料进行交易的企业开始出现，由此激起了人们的"隐私恢复"运动。正如一位代表在最近的世界经济论坛辩论中所言："我们联网程度越多，剩下的隐私就越少。"

但我们可以用保障数据安全、重塑网络信任和欢迎数十亿新用户的方式塑造未来的网络世界。保证安全,则需要众多互联网利益相关者建立起管理制度。类似互联网名称和数字地址分配机构(ICANN)这样的组织需要变得越来越全球化。同时,我们必须防范过度监管或政府掌控。

在对互联网的监管和控制中,政府肯定要发挥重要作用。但控制过严几乎肯定会扼杀创新、增加成本、并且可能埋没掉那些反对现行系统的声音。提高公众对互联网制度信任的更好方法是建立多利益方、多元化的管理制度。

这样的相关利益群体其中也包括企业。现在个人数据已经成为如此宝贵的资产,以致于企业在压力下,不得不创建那些能够保护、而非利用用户私人信息的网络商业模式。尤其值得一提的是,网民要求企业停止再用令人费解且墨守成规的服务协议迷惑用户,以便对个人数据进行提取和销售。

此类滥用行为可以通过制定法律及社会契约来约束数据使用的授权,从而加以限制。信息学家马克·戴维斯提出的一种想法是起草可读性强的标准七点"服务条款"协议,让民众自己控制如何使用个人资料。还有一种方案是让用户从预置菜单中自行选择愿意分享多少个人资料。

但信任问题不是单靠监管就能解决的。企业必须想方设法引进新技术、开展受客户欢迎的业务以保持他们的信任。(事实上,在人机互动、3D打印、纳米技术和页岩气开采的世界里,任何创新企业都必须找到这个基本问题的答案。)

最后,我们必须考虑虚拟世界中人的因素。超链接不仅创造了新的商业机会;也改变了普通人对生活的看法。所谓的FoMo(对错失机会的恐惧)综合症反应了年轻一代迫切想要即刻抓住眼前一切的担忧。

颇具讽刺意味的是,这种超链接状况随着越来越多地依赖电子设备,反而加剧了人类与外界的隔阂。神经学家甚至认为这可能改变了现实世界的联系方式。

辩论的核心是确保在众多（若非所有）重要的生活细节——包括人际关系——皆存在于网络永恒世界的情况下，人类能够保护、或者收回某种程度的网络自我控制。虽然遗忘的世界或许已经一去不返，但我们仍可重塑新的秩序，使它惠及、而不是吞没我们。我们的首要任务是构建强化现有道德和价值观的数字化生活方式，确保安全、信任和公平是其中的核心因素。

第三部分

知识就是权力

43. 知识就是权力

■ 李北方　南风窗主笔

我们大都听说过一句话，"知识就是力量"。英国哲学家培根的这一论断是我们在接受教育的过程中被灌输过的格言警句之一，大体是用来激励对学习的兴趣的。

此名言知之者众，却少有人探究此语的含义到底是什么意思。"知识就是力量"的英文表述是 Knowledge is power，值得思考的问题是，这里将 power 翻译为"力量"是否准确？

毫无疑问，对知识的占有导致人的能力和影响力的提升，在这一层意思上，说"知识就是力量"是没错的。但是，人的能力与影响力不是孤立体现的，它只在与外界发生关联的时候才有意义，即知识与人和人之间的支配关系紧密相连，是权力关系的重要组成因素。这一层涵义就是"知识就是力量"这一表述无法体现的了。

故而，Knowledge is power 的更确切的译文应为：知识就是权力。这个表述不但更能准确地表达这句西谚的本意，也可以提示一个重要的观察知识、权力以及二者关系的视角。

何谓权力？权力即是支配关系，当 A 可以要求 B 做某事，而 B 无论是否愿意都必须执行的时候，A 相对于 B 来说就是拥有权力的。这种现象在现实生活中随处可见，人生活在各类的组织之中，也就是一组又一组的权力关系中，往往同时兼有支配与被支配的社会角色。

权力的终极凭借是暴力。但现实中运行的权力关系在绝大多数情况下不是靠暴力直接维持的，而是靠人们对某一特定的秩序的认同，比如，警察在执法中需要使用暴力的情况是个别的，一般而言人们会主动认同警察的执法权威而主动配合。可以说，强制是权力运行的低级状态，权力的高级状态是对人的头脑的控制，即塑造人对秩序的认同感，使主动服从变成一种无意识。

认同感的塑造即合法性的生产。韦伯区分了三种政治合法性的类型：传统型、个人魅力型、法理型，如今，前两种类型已经趋于灭绝，法理型政治统治成为绝对的主流。与前两种类型不同，这种政治合法性就是建立在一种特定的知识构建基础上的，学者韩毓海曾这样概括道："现代政治区别与传统政治的基本特征，就在于其'文化形态'。换句话说，一切'现代'政治都不能不是'文化政治'，一切'现代'统治都不能不是文化统治……因此，现代政治斗争的关键方式就是争夺'文化领导权'。"

在法理型政治统治中，统治阶级通过控制教育体系，向全社会灌输符合统治秩序需要的知识。人之所以为人，乃是由知识和经验决定的，也就是说，知识的生产、传播和教育意味着一种巨大的权力。与其通过暴力镇压"乱民"，不如通过教育生产"顺民"——这种权力是维护现代政治统治的最主要方式。

福柯尝言："知识与权力相互渗透。没有任何一种权力关系是可以脱离某一相关联的知识领域的构建而独立存在的，也没有任何知识不同时预设和构建权力关系。"可以说，权力未必是知识，但知识必定意味着权力。

以上的简单分析至少可以说明，将各类知识视为中性的、与政治无关的观点是错误的，这种观点要么是出于认识的偏颇，要么出于对真相的刻意掩盖。对知识本质的认识将直接导致对知识的阶级属性以及对知识分子的立场的拷问：知识为谁所用？知识分子为谁服务？

这是一个宏大的议题，值得我们认真地思考，关于这个问题的讨论指向的是一种新的政治和社会形态。

如果我们能够接受知识就是权力，或者知识与权力相互渗透、知识是权力的不可分割的构成要素这样的观点，那么对知识的思考必然将包括知识的公共性问题。道理很简单，权力意味着人与人的支配关系，任何形式的权力都应该具备公共性，否则便构成腐败。

权力的形式可以粗略地分为三种：通过对国家机器的控制而形成的政治性权力、通过对私人资本的控制而形成的经济性权力、通过对知识的掌握而形成的文化性权力。可以说，人类社会正处于这样一个阶段，对权力的公共性的要求仍只限于政治性权力，只有国家工作人员的权力滥用被认为是腐败，应该得到制裁。而经济性权力和文化性权力则可以合理合法地被用于私人目的，且可以世袭，由此引发的社会问题，无非是被归入"阶层再生产"的范畴而已。

这里我们只讨论知识的公共性，并简略地从两个方面看一下这个问题。

与公共性原则最明显地背道而驰的无疑是知识产权了。历史的真实发展历程表明，知识的生产被纳入专业化社会分工的轨道是资本主义的产物，服务于资本积累的需要。比如，工业化初期的很多伟大发明都源自于普通劳动者，后来才出现专门从事技术创新的工程师这个行业，而知识产权理论以及国家机器对知识产权的保护是这个进程的逻辑结果。

知识产权理论自然是一套自足的体系，比如它认为只有保护知识产权，企业才有动力投入研发资金，促进技术进步。这当然是有说服力的，但是不能掩盖其深层次的本质，即，资本通过投资于新知识新技术的生产及对成果的排他性使用，达到积累经济性权力的效果。在资本主义体制下，经济性权力对政治性权力的影响力是直接的。

另外，知识产权也是国家间相互竞争的武器。19世纪的美国就因为不尊重知识产权而被英国追着骂,但美国硬是拖了半个世纪才接受这套规则,如今呢,美国成了知识产权最积极的卫道士。

我们可以清楚地看到,作为一种知识体系的知识产权理论是服务于特定的权力等级的,维护的是制度性的剥削。当然,这一批评不限于知识产权理论,它只是一个典型代表而已。这是第一个方面。

另一个方面,被认为是全人类共同财富的那部分知识也正在逐步丧失公共性,表现为版权构筑的壁垒。一般认为,互联网技术的发展降低了获取信息的门槛,但这仅是指便捷程度,相应地,绝大多数在图书馆里免费的内容在网上却是要付费才能获得的。受这一壁垒影响最大的无疑是穷人,它增加了穷人学习的成本,"穷人恒穷"的定律由此得到了强化。

正在有越来越多的人投身于争取"信息共产主义"的运动,当然他们也遭遇了围堵和打击。今年1月11日,26岁的美国技术天才阿伦·施瓦茨自杀身亡,他在2010年9月利用麻省理工的网络资源下载了480万篇JSTOR(存储学术期刊文章的非盈利机构)文献,并计划将其在网上共享,给"被捆绑的知识"松绑。

他侵犯了"版权",于是被逮捕,即便JSTOR放弃了起诉,他还是被检察官提出13项指控,面临35年的刑期。他的自杀可能是对在知识上建筑越来越高的壁垒的抗议,在这个意义上,阿伦是一个殉道者。但他的死注定不会引起"主流"的关注,他是属于未来的英雄。

让我们期待将阿伦奉为"圣徒"的时代的到来,那必将是一个更开放、更平等、更美好的时代。

44. 政治哲学的旨趣

■ 周保松　香港中文大学政治与行政学系

在今天的中国，政治哲学可谓显学，思想论争此起彼落，学术著作纷呈，这多少说明，我们活在一个不确定的大转型时代。这带出一个后设问题：什么是政治哲学应有的旨趣？这个问题很重要，但似乎却甚少人讨论。

我认为，政治哲学最少有三个重要任务：自我理解，公共证成和呈现另类可能性。这是三种不同但却彼此密切相关的道德知识的建构，最终目的是在寻找合理的政治道德，建立美好而公正的社会，使得人们能够好好活在一起。

自我理解

先谈自我理解。人一出生，便活在政治世界之中；这个世界，由不同的规则制度交织而成；界定这些规则制度的，是一套规范性语言；这套语言是由一系列观念构成；这些观念通常指涉政治社群中的基本价值。一个稳定的政治社群，必然是个道德社群，它不仅提供规范，也提供意义，更为权力的正当性提供理由。

因此，要理解我们的政治世界，我们必须理解建构和支撑这个世界的基本观念和价值是什么。我称这个运用理性能力和道德能力去反思的过程为一种广义的自我理解。有人或会说,既然我们每天都在使用这些观念,理解它们还不容易?实情并非如此。

首先,我们使用的观念,许多都是本质上具争议的,容许不同甚至对立的诠释。例如自由,不仅有所谓消极自由和积极自由,古代人的自由和现代人的自由,共和主义式的自由和自由主义式的自由,据伯林所说,"自由"在思想史上甚至有逾200种意义。又例如我们都认为正义十分重要,但正义实质意味着什么,却从柏拉图开始便已争论不休。至于平等和民主的意涵,更加不知有多少不同的理解。如果我们不对这些基本观念有严谨细致的定义分析疏理,我们便很易陷入思想的泥浆而难以自拔。

其次,观念不是自有永有地静止存在,而总是在特定的历史脉络中生成、发展和演变,并受到政治宗教文化等各方面的影响。我们今天视为理所当然的社会实践,例如男女平等、恋爱自由和主权在民,在200年前的中国却难以想象。要真正了解一个观念,我们往往要了解一个传统。观念史和哲学人类学的研究,因此对政治哲学尤为重要。

再次,理解的过程,往往也是意义诠释和价值评价的过程,因而无可避免地牵涉到我们的世界观和价值观。例如面对同样的资本主义市场,有人看到效率和公平,却也有人看到剥削和压迫,因为大家使用的理论框架不同,而理论框架的建构本身却是极为艰难的工作。

最后,我们都可以见到,"人作为道德存有活在一个道德实践体系之中"这个现象,但如何好好解释和理解这个现象,却极不容易。即使我们将古今中外的道德理论放在一起,我们往往发觉所知仍然有限。让我举个例。我们大抵会同意,尊严是很重要的价值。一个活得没有尊严的人生,很难说得上好。但尊严的确切意思是什么?为什么尊严如此重要?怎样的政治制度和公共生活,才能使人活得有尊严?就这么几个简单的问题,许多政治理论恐怕都难以给出一个满意的答案。

读者或会问,无论是对于个人或社会,为什么不可以不求甚解地按着传统和习俗生活下去？我想，最主要的原因，是没有充分的自我理解，我们便无法知道自己从哪里来，又应往哪里去——尤其是在社会大转型的时代。李鸿章曾说过，晚清面对的是3000年来未有之大变局。现在回看，这个大变局一直延续到今天：旧的观念制度不再能有效应对时代的挑战，新的观念制度却又未曾建立，在这个时候，政治哲学意义上的深刻的自我理解，便不是可有可无，而是社会变革的重要前提。

自我理解也是个自我启蒙的过程，因为通过理性反思，我们可以逐步了解支配我们思想和行动的是什么观念，观念形成的社会脉络及本身的意义何在，也可以多少知道制度背后的精神所在。某个意义上，我们都是时代的产物，但这个时代是什么以及我们为什么会如此被"生产"，却需要经过很多知性努力才有可能理解。这种理解，一方面可使我们从蒙昧中走出来，另一方面也可让我们和活在其中的世界形成某种形式的互相理解，同时令我们对一己生命有一份自我主宰的实存感。这些对于个体来说，都是重要的。

公共证成

政治哲学第二个重要的角色，是公共证成。简单来说，就是在公共领域提出合理的理由来证明自己的观点和立场是成立的。严格来说，公共证成并不是政治哲学独有的功能。只要我们对某些政治问题形成看法，并在面对质疑时努力提出理由为自己辩护，这个过程本身即是一种公共证成的实践。政治哲学独特之处，是它要求我们就政治道德相关的种种议题，以一种严谨、明晰、系统的方式展开论证。

公共证成有一些特点，特别值得我们留意。第一，证成的目的，是寻求道德上合理的、正当的、真确的答案，而不是为了名誉、权力和利益。第二，证成不是简单的立场宣示，而是道德论证。重点不在于你相信什么，而在于你所信的有没有足够理据去支持。第三，证成的基础不是语言修辞，不是权力游戏，而是理由本身的说服力。因此，公共证成的过程，必须将欺诈、虚假、宰制、压迫等行为减到最少。第四，哪些理由较有说服力，必须在公共证成的过程中逐步呈现和达致，而且原则上没有理由是终极的或不可质疑的。也就是说，公共证成是个开放的，容许各方随时进入并持续参与的过程。

第五，由于证成的议题关乎政治道德，所以提出的理由必须是规范性的道德理由，而不可以是其他不相干的理由。例如当我们在论证是什么是公平的社会分配时，论者不能只诉诸经济效率，因为效率并不涵蕴公平。又例如在讨论民主的优劣时，论者不能诉诸历史起源说，因为一种制度是否合理和它起源于何处，是两个范畴的问题。最后，公共证成同时也可以是一种社会批判，即对既存的不合理的制度、公共政策及行为习俗作出价值上的批评。严格来说，这两者其实是一体两面，因为任何社会批判都预设了一个更值得我们追求的理想，而这个理想必须得到合理证成。

公共证成是政治哲学追求的理想。它不仅希望这个理想存在于学术社群，也希望实现于公民社会。政治哲学理应是一种公共哲学，即平等的公民在公共领域就公共议题进行严谨的道德讨论。但要实现这个理想，既需要制度条件，也需要公民素养。例如我们必须在制度上，确保每个公民能够以自由平等的身份且免于恐惧地自由讨论，而在参与过程中，公民要学会聆听他人和宽容异见，还要学会使用公共理由来进行有效的沟通对话。这些在今天的中国，极为迫切却又极为欠缺。

为什么公共证成如此重要？因为这是政治哲学的基本使命。面对各种各样的价值冲突，林林总总的利益要求，以及彼此针锋相对的意识形态，政治哲学有责任通过严谨的道德论证，找出最合理最公正的政治原则，并以此规范公平的社会合作。通过公共证成，公民有机会就各种重要的政治议题达致反思性认可，从而使得公共权力的行使具有正当性。公共证成其实体现了一种公共生活的理想：自由平等的公民走在一起，就大家关心的议题，通过公开说理的方式，来互相理解、解决分歧以及实现正义。

另类可能性

在自我理解和公共证成的基础上，政治哲学还有一个重要任务，就是致力呈现人类集体生活的另类可能性。这说来有点抽象。让我举几个例子。在林肯时代的美国，对当时许多白人来说，解放黑奴及给予黑人白人同样的投票权，是难以想象的。林肯让他同时代的人，看到了这种可能性。又例如在"文革"时期，全中国都在大肆宣传"血统论"，即所谓"老子英雄儿好汉，老子反动儿混蛋"，遇罗克的《出身论》却一针见血地指出这种论调的荒谬，并令无数人看到另一种可能性。在人类历史上，许多思想家之所以伟大，也在于让我们看到另一种可能性，例如洛克让我们看到君权不需神授，密尔让我们看到个性对美好人生的重要，罗尔斯的无知之幕让我们看到公平的社会合作应该在什么前提下进行。

这些可能性一旦被呈现，往往会改变我们原来习以为常的看世界的方式，所以它能产生一种解放的效果，即将人们从既有的某些根深蒂固的习见中释放出来，不再受这些习见束缚。因此，另类可能性往往是见时人所未见，思时人所未思，并为我们提供一个新的角度去思考政治道德。

这意味着，政治哲学不应只忙于在不同的既有观点中寻找共识或建立底线，也不应只忙着回应现实政治的种种问题，因为这会局限它的视野。当然，这些另类可能性可能是错的，可能过于乌托邦，也可能过于离经叛道而被人嗤之以鼻。当然有这样的可能。但政治哲学如果没有这样的自我期许，又或我们的社会不鼓励这样的尝试，借用密尔在《论自由》中的说法，我们的社会就很难有创造性，就会变得平庸，也就很难有道德进步。

不过，真正有见地的另类可能性的呈现，不是天马行空，不是任意而为，而恰恰是基于深邃的自我理解，基于严谨的道德证成，基于对人性和人类生存处境的认识和体会，更基于智慧良知和悲悯。这是政治哲学的重要之处，也是迷人之处。

45. 离开美国我们就无法思考吗？

■ 刘擎　华东师范大学历史系教授

不久前微博上有"加V博主"转发所谓"希拉里的警告"，言称"二十年后中国将变成最穷的国家"，因为中国人不理解社会责任和义务，没有信仰，不懂什么是体面的生活等等，引起哗然。这当然是编造的。美国国务卿不可能如此粗暴鲁莽地评论全体中国人（或任何一个国家的人民）。

但这并不是新鲜的把戏。几年前流布甚广的所谓"美国兰德公司对中国人的评价"以及"耶鲁大学前校长炮轰中国大学教育"两篇网文，都属伪作。早有认真的网友追根溯源发掘出伪作的原始材料，解剖了这种移花接木和杜撰的编造工艺，并耐心解释如何凭借常识来辨别这类伪作。但他们的努力没有得到足够的重视。那些伪作仍然在风传，并持续激发出两种的强烈反应：叫好和责骂。

于是，在辨析真伪之外，我们还可以探究的问题是：为什么有人总喜欢假托美国著名人士和机构来针砭中国现实状况？直接的理由显然是更具有传播的"轰动效应"。但为什么我们总是特别在意美国人对中国的看法？实际上，来自美国的声音，无论真假、无论批评还是赞赏，都会在我们的舆论界引起相当强烈的反响。听一位研究社会学的朋友说，今天了解国人政治倾向有一个最简便的方法，就是询问对美国的态度，根据一个人是"亲美"还是"反美",就可以基本准确地推断其意识形态立场,从各种精英到普通民众都是如此。所以他说,中国人的派别表面上很复杂,实际上真正的区别就是"亲美派"和"反美派",八九不离十。在这个意义上,离开美国我们就无法思考。

果真如此吗?的确,许多中国人有一种美国"心结"(complex),但我相信这种美国心结只是关于我们自身处境与期望的一种"投射"。美国学者门德斯(Richard Madsen)曾经指出,美国人常常将自己社会的恐惧与希望投射于美中关系。类似的投射效应也发生在中国。长久以来,我们对"现代化"的理解深刻地依赖于我们对美国的想象,这是历史塑造的结果。

20世纪初,梁启超在美国访问八个月写下《新大陆游记》,对美国的巨大发展印象至深,同时也警惕其社会弊端与帝国主义的危险。而此后中国人对美国的感受与想象是复杂纠葛的。1944年7月4日《解放日报》发表(胡乔木执笔的)社论《祝美国国庆日——自由民主的伟大斗争日》,将美国与苏联并称为"民主世界的双璧",而"我们共产党人现在所进行的工作乃是华盛顿、杰斐逊、林肯等早已在美国进行过了的工作"。1945年8月毛泽东在重庆答记者问时,也表达了类似的观点。次年7月4日,《新华日报》发表社论《美国国庆》,谴责美帝国主义干涉中国内政,要求撤出驻华美军。但这篇文章采用了"内在批判"的方式:以美国的民主、自由和独立理想承诺来批判美国的帝国主义实践,并且在美国的民主力量与美国帝国主义之间做出区别。而在此后60多年里的各个历史阶段中(冷战时代,中美关系正常化的1970年代,以及改革开放时期),在中国认识世界格局和理解现代化的视野中,美国始终占据着一个重要的位置,无论是作为正面的榜样(或老师),还是作为反面的范例(或对手)。

但是,无论美国在国际关系和现代化历史中的地位多么重要,它只能作为中国自身发展的一种外部参照(经验及教训),而不能本末倒置地将它视为规划中国发展的标准。有人认为,以美国作为标准可以提高对我们现状的要求，有利于推进改革。这种见解并非全无道理，但却忽视了其负面影响。"言必称美国"有丧失中国主体性之嫌，伤害了部分国人强烈的民族自尊心。而且以美国为标准，其长处固然可资借鉴，但其弊端也就可能成为拒绝进步的借口。

最近有校车严重超载出了事故，立即大谈美国经验，然后就有人将美国校车事故的报道放上网（而且图文并茂），那怎么办？是不是有什么事情美国人没有做好，我们就有借口可以做得更差？是不是因为美国资本主义有过严重的剥削压迫，我们就可以容忍在中国开办血汗工厂？是不是因为美国称霸，我们就应该以"和平崛起"之名寻求霸权主义之实？

对美国的过度重视，无论是正面的还是负面的，仍然是一种思想依附性的表现。我们的思考不能被绑架在"亲美"和"反美"的两条路线上。根植于中国自身的历史传统（儒家、五四新文化和社会主义实践的传统），以这些传统为资源，在当代社会的处境中重新思考我们对民主、法治、民生、人权和公民社会的理解，重建我们的价值尺度、道德原则和政治想象，这是中国主体性所诉求的任务。而无论我们目前的发展阶段如何"初级"，我们的标准可以放在美国之上。

46. 超越激进主义

■ 叶竹盛

上海师范大学教授萧功秦是主张新权威主义现代化理论的代表学者。最近他在《超越激进主义》一书中特别强调了务实改革与中道理性的作用，他认为，当前中国的"强国家—弱社会"官僚威权体制已经造成了诸多困境。强势国家虽然在转型过程中起到重要作用，但如果不发展"强社会"，面对正在抬头的左的与右的激进主义思潮，中国可能陷入动荡的民粹主义陷阱。萧功秦还认为，发展公民社会，充分训练公民的民主素质是中国最终走向宪政民主的必要一步。就日前国内正在进行"小政府大社会"改革试验的话题，本刊记者专访了萧功秦。

中国模式是"强国家弱社会"

《南风窗》：中国一些地方正在进行"小政府大社会"改革。您有一个判断，认为中国模式就是"强国家弱社会"，在您看来，"小政府大社会"和"强国家弱社会"的差别在哪里？

萧功秦："小政府大社会"实际上是从西方的历史路径当中产生的西方的一个现实。他们的社会一直很发达，国家基本上是一个"守夜人"的作用，在国家与社会关系上，社会为主，政府为辅。小政府、大社会就是表述这种关系。

而中国现在是大政府，小社会，也是历史路径形成的。建国以后，我们只有国家没有社会。建国后的体制是单位所有制，单位是国家的基层细胞，社会转变为国家附属的单位，失去自主性，那时"只有国家没有社会"。改革开放以后，社会开始逐渐生长出来，尤其在经济领域社还是有自组织性，但是我们的社会发育还比较迟缓。

原因有几方面，一个很重要的原因是政府比较担心社会自组织冲击政治稳定，政府比较防范这一点。一旦有社会自组织现象出来，我们往往采取不留社会空白点的方式，让党与政府组织去管控它。我们过去十几年来对非政府组织登记的规定一直很苛刻。社会虽然有发育的需要，但始终受到很大的限制。由于政府有强大的经济资源与税收能力，政府的力量变得越来越强大，于是就形成了"强国家弱社会"的现实。

从长远的理想发展模式来说，在中国提出"小政府大社会"的方向是对的，未来几十年后的中国也应该变成一个"小政府大社会"。但目前来说，要看到中国的特殊情况，作为一个非西方的后发展国家，国家在发展功能上还必须承担重要的整合功能，转型动员功能与维持秩序的功能，而且从历史上说，用学术语言讲，千百年来的传统中国就是一个"亚细亚生产方式"的东方农业专制型国家，这样的国家历来就承担着西方国家所未承担的更多的功能，例如防洪、抗灾、赈灾等等。

对中国比较现实的说法，是让国家小一点，社会大一点，政府的一些功能要转移给社会，让社会活力发挥出来，让社会的自主性和自治性能够显示出来。一步到位当然是不可能的，否则欲速不达。

《南风窗》："小政府大社会"改革中的一个提法是政府要又小又强，既是小政府也是强政府。您怎么理解这种说法？

萧功秦：又小又强，更多的是政府要提高效率，服务要到位，从这个意义上讲，是强政府，但是摊子不能铺太大。总体来说，社会没有发育起来以前，要把政府的功能完全转移给社会，这还要有一个过程。我觉得现在首先的一个工作，要让社会的自我管理能够发展起来，随着发育的程度，再来调节政府和社会之间的关系。不能说一步到位，在社会成熟起来之前，不能完全放权给社会。"小政府大社会"是一个长远的目标，我们要经过比较长的努力才能实现这个目标。现在主要工作是，政府让社会的发育逐渐成熟，随着成熟的程度来决定放权的程度。这个方向是对的，这可能是中国未来二三十年的重中之重，中国下一步的发展战略实际上就是发展社会，从"强国家弱社会"变成政府与社会之间形成比较均衡的关系。

《南风窗》：是不是说"强国家弱社会"模式是不可持续的？

萧功秦："强政府弱社会"当然可以持续，但是从社会善治的角度来说是不可持续的。现在的强社会体制必然是由官僚统治的体制，官僚势力会变得越来越强有力，换言之就是"官本位"。政治、经济、文化等功能，都由政府来承担，而政府又不可能把所有事情都搞好。如果硬要承担，当然可以持续下去，但是这种模式会造成很严重的问题。

我把它概括为"强国家弱社会"体制的"五大危机"，一是造成威权精英阶层的自利化倾向，官员腐败可能借助权力庇护网络如虎添翼；二是形成贫富两级分化的困境；三是高额税收导致国富民穷的困境；四是"国有病"困境，国企垄断加剧了"国进民退"，进一步造成严重的社会不公；五是社会创新能力弱化，社会价值劣质化，社会普遍缺乏人文精神。人文价值不是一个灌输的过程，是社会自发生长发育出来的。要克服这些危机，只有靠发展社会组织，增加社会对国家与政府的制衡能力来解决。

最小共识

《南风窗》：中国社会当前几种主要思潮如何看待政府与社会的关系？几种思潮中是否存在最小共识？

萧功秦：自由派更多强调哈耶克"团结工会"式的社会组织，在与政府抗争的过程中，形成自由的边界，很多激进的知识分子想象的公民社会就是这种模式，这也是欧美模式。但是我觉得，世界上大部分国家都不是这种模式，作为中道理性主义者，我特别强调非西方的后发展国家的特殊性。非欧美国家基本上还是政府主导型的公民社会发展模式。这就是"法团主义"，也就是政府通过设置民间团体，让它们更多表达民间利益，代表民间利益群体与政府之间形成协商。法团主义最初是国家法团，再慢慢发展成社会法团，越来越多代表社会利益。

至于新左派，他们更多强调代表底层利益的国家干预社会经济的权力，强调国家向弱势群体倾斜，进行财富再分配的能力。他们有许多人对社会本位不感兴趣，而是更期待出现一个超常魅力的人物来代表人民的利益。

大多数人能够接受的方案应该是："希望公平多一点，福利增加一点，干部管得严一点，腐败少一点"，以这个标准来看，政府渐进地向社会放权让利，让社会组织能够发育，我想这个是大家都能接受的。

《南风窗》：既然国家非常强势，并且存在部分官员"自利化"倾向，政府未必愿意主动向社会放权。

萧功秦：对于非西方的后发展国家，在现代化起步的初期，强势政府具有不可否认的重大贡献。像在中国，政府在经济转型、防洪抗灾、保持政局稳定方面都有非常重大的作用。所以我在改革开放初期非常强调新权威主义。但问题是，当我们经过30多年发展以后，社会已经多元化了，如果还继续采用"强国家弱社会"这个体制的话，我们就陷入了一个"官僚主义的自我循环"，也就是官僚体制自我膨胀的过程，因为政府有很多钱，可以用于自利，用高税收来维持高额的豪华的"三公消费"等等。与此同时，社会又很弱，完全无能为力，就会陷入恶性循环，社会不满又会被政府解读为政局稳定受到干预，政府就要更加强，更不允许社会发展。用我自己的话说，中国进入了"再官僚化"的过程。

《南风窗》：为什么说发展强社会是解决"强国家弱社会"困境的必要

途径？

萧功秦：对于社会太弱的弊端，严复在百年之前就已经讲得很清楚了。这里我想再读一下严复写的《法意按语》中的一段很精彩的话给读者听一听。严复在书中写道："吾游欧美之间，无论一沟一渠，莫不极治缮葺完，无往非精神之所贯注而已，反观吾国，虽通衢大邑，广殿高衙，莫不呈抛荒之实象，盖吾国公家之事，在在任之以官，官之耳目手足有限也，考绩之所不及，财力之所不供，彼于所官之土，固无爱也，而著籍之民，又限于法，虽欲完治其地而不能，若百千年之后，遂成心习，人各顾私，而街巷城市，遂无一治者。夫人于所生之地，是宜有无穷之爱者也，而谋国者，以钤制其民之私（为）便，必使之无所得为于其间，而主其地之官员，以文法之繁，任期之短，一无可施，……通国之民，不知公德为何物，爱国为何语，遂使泰西诸邦呼支那为苦力之国。"严复还认为，"中国要谋自强，议院代表之制，虽不既行，而设地方自治之规，使与中央政府所命之官，和同为治，合亿兆之私以为公，则不容一日缓者也。"严复这段话说得实在太好的，好像就是专门为我们现在说的。百年了，中国在这方面居然没有什么大的进展，实可痛心。

《南风窗》：对于中国进一步改革路径，您有一个方案是首先发展经济，完成经济转型和起飞后，再到民生建设，然后是发展公民社会，最后再到宪政民主。有人提出，包括企业家柳传志也说，进一步改革应该从党内民主开始。是否只有国家内部首先形成制约，才能容许公民社会等外部制约的存在？

萧功秦：我认为应该以公民社会发育作为未来发展民主的起点。给公民社会更多的自由作为发展的起点。党内民主如果没有社会民主作为支持的话，就没有外部推动力，公民社会是党内民主的实实在在的驱动力，如果没有社会压力，体制内部的精英凭什么要搞民主，凭什么要两个人去争一个东西，我们两个人来分这个东西就可以了。这就会造成"分账制"的结果。西方民主有所谓的党内多派制，那是因为有社会不同的利益集团或压力集团在支持，所以党内才有动力相互竞争。

缺乏社会自治这一块，单纯的党内民主，无非就是三种情况，一是前面说的内部分账制，二是形式主义，做做样子，给上面与老百姓一个交代，走过场。第三种情况是，如果社会出现大危机，党内民主可能会变成党内民粹主义，因为缺少民主训练，缺少公民社会训练出来的公民文化。最后可能变成谁口号喊得响，谁就得到更多人的支持，就容易产生民粹。所以社会民主作为一种起步，和党内民主应该有一种协调，应该要双管齐下。

以渐进的方式放权让利

《南风窗》：您为什么认为发展公民社会之前要进行民生建设呢？

萧功秦：市场经济发展的自然结果会造成"分利化"和贫富两级分化，会造成严重的社会不公平。作为发展型的权威体制，有必要通过民生建设与转移支付的有效手段，来减少社会不公所产生的弱势群体中的挫折感，减少社会矛盾，只有在这些问题解决后，公民社会的建设才不会造成不稳定。众所周知，公民社会是自主表达的平台，如果民生与社会不公问题没有解决好，充满社会不满的人们就会在这个平台上挑战现存秩序，甚至会在政治参与过程中出现"井喷"，那也会造成社会的不安定，这是发展中国家在现代化过程中陷入危机的原因之一。

《南风窗》：是不是说，如果社会上存在大面积不满，公民社会就会存在不稳定性？

萧功秦：所以说不能突然间公开，否则有可能在公民社会中选出最激进的人。我觉得大部分中国人是比较稳健的，所以我提倡法团主义，政府通过渐进的方式放权让利，搞活社会，首先培养有合作精神的组织，这是一条比较稳健的道路。

《南风窗》：法团主义强调国家控制，它所培养出来的公民组织，并不能成为民主素质的训练场，会不会只是"二政府"，同样也沾染上"体制病"，并不能承担发展公民社会的功能。

萧功秦：是这样的，因此我提出，发展法团主义的同时，应该让一些和现存制度认同度比较高的社会团体，应该让他们首先成立起来，比如企业家协会、商会等等，像这些条件比较成熟的，可以给他们比较大的自由空间。我所理解的法团主义，不是政府简单去管理社会，而是让法团代表社会和政府进行协商。当然这个发展过程并不一定就是理想的，要去尝试，通过"试错"，一步步解决问题。

《南风窗》：从改革开放以来，政府对社会发展的观念有什么变化？

萧功秦：就我所知，开放社会组织应该是现在政府高层的共识。在很长一段时期里，党内的主流观点是要加强对社会组织的管理；不留社会空白点，长期以来被认为是维持政治稳定的好经验。但这条路已经走到极端了，社会问题越演越烈，出现了大量群体事件。最高层原来的认识是要进一步压缩非政府组织的空间，但是后来吸收了更多国外经验后，认识到非政府组织并不是"和平演变"的背景，很多都是民间的慈善组织，高层思想逐渐转变过来。"钱云会事件"出现后，地方政府的话没人听。最后还是公民社会组织出来，说了一些公道话，说"那个地方太热闹，根本不是预谋杀人案的理想现场"，这话老百姓马上就听懂了。由此可见，公民社会作为中间人，其实是化解了矛盾。这个事件对政府来说有正面意义。

"钱云会事件"正说明了公民社会有积极作用。在民间，现在很多自由派的人，包括人文知识分子，也不是单纯鼓吹公民社会，而是很低调地在做事情，做了公益等有意义的事情。从总体上我还是比较乐观。

47. 蛮横的"政治经济学"

■ 丹尼·罗德里克 哈佛大学国际政治经济学教授

曾几何时，我们经济学家与政治的关系是井水不犯河水。在我们看来，经济学家的职责是描述市场经济如何运行；它什么时候会失灵；精心设计的政策如何能够增进效率。我们在竞争性目标（比如公平和效率）之间做权衡分析，为人们希望达到的经济成果（包括再分配成果）开政策药方。至于接不接受我们的建议，是政客们的事情，而实施这些建议，则是官僚们的事情。

后来，我们中的一些人越来越雄心勃勃。由于我们的许多建议被忽视（比如如此之多的自由市场解决方案从未被使用过！），这一事实令我们颇为尴尬，于是，我们把政客和官僚本身的行为也纳入了经济学的分析范围。我们开始把考察市场经济中消费者和生产者决策的那些概念和框架用作考量政治行为。政客是为了将其收益最大化而提供有益于他们的政策选项的人；公民被描述成一群为了寻租而到处游说的人，又或是特殊利益集团；而政治体制则是一个交易市场，其中选票和政治影响力相互交换，目的都是为了获取经济利益。

于是，"理性选择政治经济学"就这样诞生了，随之而来的是许多让政治学家们亦步亦趋的理论套路。这个理论给我们提供一个帮助，那就是，如今我们可以解释为何政客们会做那么多违反经济学理性的事情了。事实上，没有哪种经济上的失衡不最终归咎于"既得利益"四个字。

为何那么多的行业都将真正的竞争拒之门外？这是因为，政客总是被那些"获租"的人所控制着——他们被揣在这些获租者的口袋里呢。为何政府要设置国际贸易壁垒？因为贸易保护的获益者很集中，且拥有政治影响力，而消费者很分散，缺乏组织。为何政治精英要阻挠刺激增长和发展的改革？因为增长和发展不利于他们把持政治权力。为何会有金融危机？因为银行绑架了决策过程，因而可以妄顾大众利益而承担过渡风险。

为了改变世界，就必须理解世界。而这一分析模式似乎能提高我们对经济和政治结果的理解层次。

不过，所有这些都存在一个严重的悖论。我们要求解释的越多，改善情况的空间就越有限。如果政客的行为由其既得利益"恩主"所决定，则经济学家的政策改革呼声注定只能是耳旁风。我们的社会科学越完善，我们的政策分析就越无用。

这就是人文科学和自然科学的差异之处。就拿科学和工程的关系来说吧。随着科学家对自然物理定律理解的日渐成熟，工程师得以建造更好的桥梁和大厦。自然科学的进步促进而不是妨碍了我们改变实体环境的能力。

但政治经济学和政策分析之间的关系却与此大相径庭。将政客行为这一外部效应内化后，政治经济学让政策分析者们束手无策。这就好比是物理学家们不光用理论解释自然现象，而且工程师能够建造哪些桥梁、哪些大厦也由他们说了算。这样一来，就完全没必要开办工程学院了。

如果你觉得有什么地方不对劲，那说明你已经入得门道了。在现实中，我们的当代政治经济学框架充斥着一些隐含的关于理念体系的假设——这些理念是政治体制运转的基础。若将这些假设明确化，既得利益集团的决定性作用就将消失。从而，政策设计、政治领导力和人的主体性将得以被重新激活。

理念决定着利益，方式有三。首先，理念决定了政治精英如何定义他们自己，以及他们所追求的目标是什么——比方说金钱、荣誉、地位、权力"寿数"，或仅仅是青史留名。这类身份问题是他们选择如何行动的关键。

其次，理念决定了政治家们是怎么看待世界的运作过程的。如果商业利益集团相信财政刺激只能导致通胀而不是导致更高的总需求，那么，他们就会游说政府采取财政以外的政策。同样，对于那些亟需财政收入的政府来说，如果决策者倾向于认为人们会偷税漏税，那么他们会选择减税政策。

从政策分析角度讲，最重要的一点是：理念决定了政治家们所追求的战略。比如，抑制一切经济行为是精英保持其权力的其中一种方法。但其实精英保持权力的另一种方法，可以是在鼓励经济发展的同时，促进经济基础向多样化方向发展、建立经济联盟、培育国家主导的工业化进程，或追求多元化的政策组合（它们原先被这些政治精英们的想象所局限了）。将具有可行性的那些策略扩大到更大的范围（高明的政策设计者和领导人通常会这么做），就会极大地改变行为和结果。

事实上，这解释了近几十年来举世瞩目的经济转折点何以发生，比方说韩国和中国的起飞（分别开始于20世纪60年代和70年代晚期）。在这个过程中，最大的赢家都是"既得利益集团"。让改革得以推行的，不是政治权力的重组，而是新战略的出现。经济面貌的改变，往往并不伴随既得利益者倒台而出现，而是随着追求这些利益的策略改变而发生。

政治经济学毫无疑问是重要的。如果不能对现况下谁是赢家、谁是输家有一个清楚的认识，就很难完全理解现行政策的意义何在。但过度关注既得利益很容易让我们注意力分散，不再关注政策分析和政治创新的重要性。经济改革是否可能，不仅取决于现有政治权力的制约，也决定于我们是否有好的理念。

48. 自由与容忍

■ 周保松

1953年3月，胡适先生在台湾《自由中国》发表了一篇重要文章，叫《容忍与自由》。这篇文章引来毛子水、殷海光等回应，胡适遂在同年《自由中国》十周年纪念会上，进一步阐述其观点。这两篇文章，现已成为中国自由主义发展史的重要文献。

胡适的主要观点如下：一，容忍比自由更重要，"没有容忍，就不会有自由。"容忍是政治自由、思想自由和信仰自由的基础。二，容忍是一种极为难得的态度，是一种值得赞许的美德。三，不容忍的根源，主要源于人们相信自己所信就是绝对真理。"一切对异端的迫害，一切对'异己'的摧残，一切宗教自由的禁止，一切思想言论的被压迫，都由于这一点深信自己是不会错的心理。"四，要养成容忍的雅量，就必须承认自己的想法不一定总是对的，是难免有错的。容忍的基础，建立在一种温和的怀疑论之上。它是温和的，因为它并不否认有真理，它只是要求人们对当下所信，抱一种怀疑的不确定的态度。胡适因此说："所有一切保障自由的法律和制度，都可以说建立在'理未易明'这句话上面。"

胡适对容忍的强调，有其特定的历史背景。但就理念来说，他对容忍的理解和论证，我认为是不足的。我以下将论证，怀疑论不足以支撑容忍作为一种美德，而容忍本身也不足以合理证成自由主义的自由体系。

并非所有容忍都是美德

在政治哲学中，容忍（toleration，有时译为"宽容"）作为一种美德，一般指的是一个人对另一个人的言论思想信仰和行为极不认可，同时相信自己的不认可是有理由及经得起考验的，但他却有意识地选择约束自己不作干涉，即使他有能力这样做。而这种自我约束，是道德上值得赞许的。这里的容忍者，可以是个人和团体，但更多指向政府，因为往往政府才拥有干涉及限制他人行动的权力。在各种有关容忍的案例中，最经典的是宗教容忍。

对此定义，有几点值得留意。第一，容忍必然意味着一方对另一方的负面评价，即容忍者认为他人的思想行为是错的，不可取的，甚至道德上可谴责的，同时认为自己的观点立场是真的和对的。所以，容忍绝对不是无所谓或不在乎。在中文中，容忍的"忍"，正好捕捉了那种不得已的反感。此外，容忍也意味着双方权力关系的不对等，弱势一方是谈不上容忍的。

第二，容忍的态度，并非适用于所有场合。例如没有人会认为容忍种族歧视和性别歧视是应该的，因为这些歧视本身便是错的。我们要做的，是立法禁止这些歧视。同样道理，我们不会认为容忍男性对女性的性骚扰，有任何值得称许之处。与此同时，有些对他人的负面评价，如果一开始便是不妥，那么基于这些评价而作出的容忍，也是不合理的。例如在很长时间，异性恋对同性恋的容忍，被视为难得的美德。但去到今天，愈来愈多人却认为，虽然这样或能令同性恋者免受直接压迫，但同时却隐含了某种歧视性判断：同性恋本身是道德上错的。但同性恋者真正需要的，是平等的尊重。在这里，容忍反会带来伤害。

由此可见，并非在所有情况下，容忍都是美德。我们必须对被容忍之事，有这样一种判断：一方面容忍者作出的负面评价是可理解的，同时容许这些信仰和行为的存在是可接受的,甚至应该的(不同宗教之间的容忍是很好的例子)。正是在这个特定范围内,容忍才被视为美德。当然,基于什么标准来界定这个范围,是很困难的事,因为什么是不应容忍的,什么是可容忍的,什么是和容忍无关的,本身就是极具争议性的道德议题。

第三,不在乎、容忍和尊重,是三种性质不同的态度,虽然出来的结果,都是某一方不干涉另一方。容忍往往处于两者中间,容忍者既在乎别人做些什么,同时认为这些行为并不值得尊重,但最后选择了自我约束。但容忍者为什么要这样做?既然他认为别人的信仰是错的,可能对当事人及社会带来坏影响,同时有能力阻止对方,为什么他应该保持克制?

有人或会说,这样做纯粹出于自保。因为容忍者计算过,如果他不这样做,难保他日别人不会以其人之道还治其人之身。问题是,如果这是容忍的唯一理由,我们就很难说容忍是一种美德,因为我们完全可以想象另一种可能:在情况许可下,为了确保敌人没有机会报复,于是采用加倍残暴的手段将对方彻底消灭。基于自利计算,不容忍同样可以很理性。

所以,如果容忍是一种稳定持久且出于自愿的美德,容忍者的决定便必须基于道德理由。这些理由的性质,既要和他对别人的信仰所作的负面评价的理由不一样,同时要让前一类理由凌驾后一类理由。基本思路是这样:"我虽然不认可你的观点作为,但基于某些更重要的理由,我选择容忍,并对你的行为不作干涉。"这些理由是什么?为何它们具有如此重的道德份量,使得人们能够培养出容忍这种艰难的德性?

怀疑论之误

现在让我们来检视一下胡适的论证。胡适认为,容忍唯一的理由,就是要意识到自己可能会错,然后由此养成容人之量,从而尊重他人的自由。"因为难免有错,便应该容忍逆耳之言。"胡适实际上认为,如果一个人坚信真理在握,就没有容忍的理由。容忍的必要条件,是对一己信念恒常抱一种怀疑态度。

这个论证最大的问题,是将"容忍作为美德"最核心的难题消解了。这个问题是:如果我坚信自己所信为真,我仍有理由容忍吗?胡适的回答是,没有理由。但这样就等于回避了最关键的问题:最需要宽容的时候,正是人们深信自己所信是对而他人所信是错的时候。从 17 世纪洛克以降的自由主义传统,都在努力寻找道德理由来解答这个问题。

自由主义不愿意接受胡适的论证,最少有两个原因。第一是自由主义没有正当理由这样做。它不能说,为了使大家学会容忍,所以所有人必须培养出一种怀疑论的态度。这一来很难做到,二来违反了自由主义的基本原则:尊重每个人的信仰,包括人们如何理解和实践自己的信仰。的确,在一个开放多元的社会,人们会相对容易培养出一种非独断非排他且较易承认自己可能会错的生活态度,而这种态度也很可能有利于社会变得较为宽容,但自由主义不能为了这个后果,而要求人们变成怀疑论者。这等于另一种不宽容。再者,既然自由主义坚信容忍是对的,沿用同样逻辑,容忍作为美德又有可能是错的,那么选择不容忍似乎也是可以的。

自由主义还有一个更深层的理由拒绝这种论证,我姑且称为人的信仰的完整性。胡适在文章中很感激的说:"这个国家、这个社会、这个世界,绝大多数人是信神的,居然能有这雅量,能容忍我的无神论,能容忍我这个不信神也不信灵魂不灭的人。"但为什么这些信神的人会容忍胡适这样的无神论者?按胡适的解释,那必然是因为这些信神者对自己所信的宗教抱一怀疑态度。但这种解释并不合理,甚至是对这些信仰者信念的一种扭曲和伤害。对一个全心全意投入某个宗教且深信其为世间唯一真理的教徒来说,他不可能说:我容忍你,因为且仅仅因为我同时相信无神论也有可能为真。如果真的如此,他的信仰生命将面对一种割裂和异化,因为对许多人来说,信仰的本质,正是生命的一种整体性投入。人不能在完整地相信的同时又完整地怀疑。如果自由主义的容忍观建立在怀疑论之上,不仅令自由主义的吸引力大减,同时是对真诚信仰者的不尊重。

胡适似乎没有意识到,怀疑论和宗教信仰之间,是有张力的。他只是理所当然地假定,那些容忍他的无神论的人,都已接受了怀疑论,但却没有考虑可能有其他理由支持宗教容忍。于是我们回到之前的问题:如果我坚信某种宗教为真,我仍有理由选择容忍异见者吗?

自我做主

自由主义会说,有的,理由在于尊重每个人都是独立自主的个体自主的意思,是自我作主。自由主义认为,每个人都是自己生命的主人,有理性能力去构想和规划自己想过的生活,活出自己生命的意义。就此而言,人是有自由意志且能对自己生命负责的行动主体。因此,我们应该尊重每个人的选择。这并不是说,每个人的选择必然是最好的,而是说,尊重个体选择是尊重人作为自主的理性存有最为恰当的方式。基于此,自由主义遂可以说,我虽然不同意你的信仰,但我仍然有理由容忍它的存在,因为我尊重你是自主的个体。我尊重的,是你的人,不是你的信仰。

我们至此可见到,容忍其实牵涉两类性质不同的理由。第一类理由,关乎容忍者对被容忍者的信仰的负面评价。第二类理由,关乎容忍者对被容忍者自主人格的尊重。这两类理由同时存在,而这正好解释了容忍作为美德的特点:一方面不同意对方的观点,一方面却选择不作干涉。背后的理由,是对个人自主的尊重,而不是对一己信仰的怀疑。这是一种完全不同于胡适的进路。

读者或会问,既然两类理由同时存在,为什么对个人自主的重视必然能凌驾负面评价所产生的厌恶和仇视?对,这没有保证。而这正好说明,容忍为什么如此艰难,而做一个真正有容忍精神的自由主义者,又是如此不易。艰难之处,不在于你要承认自己也有机会犯错,而在于你坚信自己没有错的同时,愿意放下你和别人在道德、政治和信仰上最深刻的分歧,看到别人也是人，是理性自主且值得我们尊重的独立个体，从而约束自己支配他人的冲动。

不过，在自由民主社会，容忍的难题，已由一种巧妙的政治分工得到相当程度的解决，就是基于政教分离而逐渐发展出来的平等权利的制度。在这种制度中，国家最重要的责任，不是去宣扬和支持某种宗教，而是保障每个公民享有平等权利去追求和实现自己的信仰，这些权利包括思想和信仰自由，结社自由和广泛的选择自由。在这样的多元社会，人们在尊重他人相同权利的前提下，和平共处，既不强加自己的信仰于他人身上，也不要求国家这么做。

从容忍到尊重

我们甚至可以说，在这个过程中，自由社会慢慢完成了一种由容忍到尊重的过渡，因为在国家赋予公民平等权利时，它的理由不是容忍，而是平等尊重。国家对不同宗教，理应一视同仁公平对待。不同宗教的真假好坏，不应由国家来做裁判，而应由公民自己来判断。这种过渡完成后，权利话语遂逐渐取代容忍话语，同时也在公共文化中逐步改变人们的态度，包括对个人自主的尊重，甚至包括对异见的尊重，因为大家逐渐意识到，合理的多元主义是现代社会的现实。

我们由此可以说，胡适认为没有容忍就没有自由的说法，并不准确。没错，容忍会导致某种不干涉，但这只是支持自由的其中一种途径，却不是唯一。自由主义可以直接诉诸个人自主来证成思想和信仰自由，而不需说这是国家或大多数人或某政党对另一些人容忍的结果。不仅不需要，有时甚至不应该，例如我们不应恳求执政者在政治上容忍反对的声音，而应要求还给发出反对声音的主体应有的政治权利。这两种要求的性质，是完全不同的。前者不仅预设了不对等的权力关系，同时隐隐然默认了这种不对等的合理性。后者却颠覆了这种关系，强调作为自由平等的公民，这些权利本来就是我们应享的。

胡适将整个自由主义建基于容忍,同时将容忍建基于怀疑论,我认为是双重削弱了自由主义的道德基础和道德吸引力。实际上,怀疑论不能支撑容忍,容忍本身也不能支撑自由主义。了解这点,对于中国自由主义未来的发展,是必要且重要的。

49. 开放的辩证

■ 李北方　南风窗主笔

当下的中国社会许多人有一种误解，认为改革开放前的中国是不开放的，是封闭的。在多年来的社会舆论和历史解读中，以这种方式描述改革开放前的观点并不鲜见。

关于对外开放，有两个有所交叉的维度可以讨论：第一是开放的对象，即向谁开放；第二是开放的向度，即开放（开放意味着交流）是单向的还是双向的。

对外开放也是改革开放前的社会主义建设实践的有机组成部分。当时的大环境是冷战，中国的国际空间是逐步拓展的。到了1976年，与中国建交的国家达113个，英国、法国、原西德、西班牙、日本、澳大利亚等均在此列；与美国交往的大门也已经打开，距尼克松访华已经过去4年了。

第一阶段的开放的对象以非西方国家为主，这也是由特定的历史背景决定的。如今，中国的建交国达到165个，在对外开放的范围上更广泛了。如果以贸易量作为衡量开放程度的指标的话，那么在第二阶段的开放度大大加强了。在对外贸易的比重中，与西方国家的往来占了绝大部分，可以说，开放的对象发生向西方国家的偏移。但两个阶段的开放之间存在着不可分隔的连续性。

在开放的向度上，改革开放前后两个阶段的理解也有所不同。第一阶段的开放当然包括商贸往来，一个例子是，创办于 1957 年广交会一直是中外互通有无的平台，即便在文革期间也未中断过。同时，开放还包括对第三世界的无私援助，1971 年"非洲兄弟把中国抬进联合国"就是这个层面的交流结出的硕果。

相比较之下，第二阶段的开放表现出更纯粹的经济关系，中国通过加入 WTO 等方式融入了全球资本主义体系。随着国力的增长，中国不仅吸引外资，也走出去，对以发展中国家为主的地区进行投资。中国在国际上以发展中大国的形象出现，即在经济关系中进行自我定位，淡化意识形态色彩。相应地，国际主义的一面淡出了历史舞台。

对外部世界的认识也经历了改变。改革开放后，与经贸关系往来的重心转移一起，开放变成了对西方的开放，又逐渐变成了对美国的开放。虽然中国与亚非拉国家的贸易额在对外贸易总量中所占的比重大大下降，但频繁的交往仍是存在的，可是这些地区却从中国对外部的理解中隐匿了。

改革开放前，中国引进外来的技术和文化，中国的文化也同时在世界范围内产生着影响，不仅是对第三世界，对西方国家的社会变革也起到了一定的推动作用，即在开放中形成的交流是双向的。但逐步地，对外开放的双向性失去了，在"与世界接轨"的名义下，中国成了文化意义层面单一的接受者，仿佛一切都要按照美国的标准进行改造。甚至在西方的文明、社会经济体制遭遇空前的大危机之时，"与美国接轨"的思维也没有被撼动。与此同时，中国也希望通过建立孔子学院等途径对外输出文化，但效果并不理想。

最近，习近平总书记提出要完整地看待改革开放前后两个阶段，这是一个非常重要的论述。借用这个视野，我们应该辩证地看待两个历史时期在对外开放方面的得失，用以丰富对未来的理解。基于此，我们可以提出两个初步的思考：第一，未来的对外开放应该是全方位的开放，外部世界不等于美国，亚非拉国家的优秀文明成果和发展中的经验教训同样值得吸取；第二，未来的对外开放应该是双向的，中国应该改变与西方交流中被动姿态，形成并输出自己的影响力和价值观——这有赖于中国的道理自信、理论自信、制度自信的确立。

50. 新重商主义的挑战

■ 丹尼·罗德里克

经济学的历史在很大程度上就是两种对立思想流派——"自由主义"和"重商主义"——之间的斗争史。强调私人企业家精神和自由市场的经济自由主义是当今的显学。但其在理论上取得的胜利让我们对重商主义的巨大吸引力——及其频繁的成功——视而不见。事实上,重商主义依旧生机勃勃,而其与自由主义的持续冲突则可能成为塑造全球经济未来的重要力量。

对当今的经济政策看来,重商主义通常被视为陈旧及完全错误的一套思想。当然,在其鼎盛时期,重商主义确实维护了某些非常奇怪的观念,其中最主要的一个观点就是国家政策应该致力于贵金属——黄金和白银——的积累。

亚当·斯密(Adam Smith)1776年的著作《国富论》高明地推翻了许多这类思想。斯密特别指出,不应该把钱和财富混淆起来。正如他所说,"一个国家的财富不仅仅存在于其金与银两种金属中,也存在于它的土地、房屋以及各种可消费商品中。"

然而把重商主义视为另一种协调国家与经济关系的方式才更为准确——这一视角和当年18世纪时具有同等的现实意义。重商主义理论家,比如托马斯·曼（Thomas Mun），实际上是资本主义的强烈支持者；他们只是提出了一个不同于自由主义的模型。

自由主义的模型把国家视作必然的掠夺者，且把私人企业看作是天生的寻租者。因而它提倡要将政府企业与私人企业严格隔离开来。相反，重商主义则提供了一个合作主义的视角——政府与私人企业是盟友，并为追求共同的目标——例如国内经济增长或国家实力——而合作。

重商主义的模型可能会被嘲笑为国家资本主义或裙带主义的思想。但当它起作用的时候——它在亚洲确实常常行之有效，该模型的"政府－企业合作"或者说"重商国家"概念就会迅速得到许多赞美。落后的国家并不是没有意识到重商主义可以成为其助手。即使在英国，古典自由主义也只是在19世纪中期才出现的——也就是在英国成为世界主要的工业强国之后。

两种模型之间的第二个不同之处在于究竟是消费者还是生产者的利益优先。对自由主义模型来说，消费者就是国王。经济政策的最终目标就是为了提高家庭消费潜力，这要求让消费者不受限制地获得尽可能便宜的商品和服务。

相反地，重商主义强调经济的生产方面。对他们来说，一个稳健的经济需要一个良好的生产结构。而消费需要拥有体面薪酬的高就业来支持。

这些不同的经济模型对国际经济政策有着可预测的影响。自由模式的逻辑是贸易的经济效益来自进口：进口越便宜越好，即使会导致贸易逆差。而重商主义者则把贸易视为一种支持国内生产和就业的手段，因而更愿意刺激出口而不是进口。

当今中国是重商主义衣钵的主要继承者，尽管中国人可能永远都不会承认这一点——这个名词仍背负着很多坏名声。大部分中国经济奇迹都产生于其激进的政府——该政府支持、刺激并公开补贴工业生产者——不管是国内还是国外的。

尽管作为2001年加入世贸组织的条件，中国逐步淘汰了许多直接的出口补贴，但支撑重商主义的体制基本没有改变。尤其是政府通过操控汇率来保持制造商的盈利能力，这导致了相当可观的贸易顺差（这种情况近来有所减少，但主要是因为经济放缓）。此外，出口导向型的企业仍然受益于一系列的税收激励政策。

从自由主义的角度来看，这些出口补贴伤害了中国消费者的利益却使世界上其他地方的消费者受益。由诺丁汉大学经济学家法布里斯·迪弗尔（Fabrice Defever）和亚力杭德罗·雷阿诺（Alejandro Riaño）近期发表的一项研究指出：中国的"损失"约为其国民收入的3%，而世界其他地区则获得了约为全球总收入1%的收益。然而，从重商主义的角度来看，这些只不过是建立现代经济及为长期繁荣打好基础的代价而已。

正如出口补贴的例子所示，这两种模型可以在世界经济和谐共存。自由主义派应该为其消费有来自重商主义者的补贴而高兴。

事实上，简而言之，这就是过去六十年的经济史：一个又一个的亚洲国家通过应用不同形式的重商主义政策使其经济突飞猛进。在日本、韩国、台湾地区和中国大陆保护其国内市场，盗窃"知识产权"，补贴生产商并操纵其货币汇率时，大部分富裕国家政府却在走着另一条道路。

现在我们已经走到了快乐共存的尽头。由于西方国家不平等的加剧及中产阶级陷入困境，还有由放松管制引发的金融危机，自由主义模型已经严重受损。美国和欧洲国家的中期增长前景都在温和到黯淡的区间徘徊。对决策者来说，失业率仍然是一个令人头疼的问题同时也是当务之急。所以实施重商主义的压力在发达国家很有可能会加重。

于是乎，新的经济环境将会在追求自由或重商主义道路的国家中引发更多的对立而非和解，也有可能再次点燃本已长期陷入平静的关于哪种类型的资本主义才能产生最大繁荣的争论。

51. 迈克尔·桑德尔：重建非市场价值观

■ 王维佳

迈克尔·桑德尔是哈佛大学政治哲学教授，美国文理科学院院士，社群主义的代表人物，以其1982年所著的《自由主义与正义的局限》一书中对罗尔斯《正义论》的批评而闻名。近日，本刊记者对其进行了专访。

市场经济与市场社会

《南风窗》：您近来著作中所批评的观念，功利主义、市场必胜论、自由至上主义等恐怕都是当代都市生活中的主流价值观念，而您本人却又偏偏是受到大众普遍欢迎的政治哲学家，您觉得这二者有矛盾吗？

桑德尔：我确实常常批评一些广受欢迎的价值观和哲学理念。我觉得你刚刚提到的这三种思想体系有一个共同之处，它们都以不同的方式拒绝对市场和市场观念进行反思。市场至上的逻辑已经侵入了当代社会的家庭生活、人际关系、健康、教育、法律等众多领域。我的哲学写作以特定的方式挑战这些主流观念，并希望能激发一些讨论来重新反思市场的角色。而你的问题很有趣，既然我挑战了这些主流观念，为什么我还会如此受欢迎呢？

我认为即使市场的观念被广泛接受，但与此同时，在人们内心中还有一部分对社会生活和公共话语中纯粹的功利主义和市场万能论不满。人们可能一方面拥抱了市场逻辑，另一方面又对这些观念的负面社会影响感到不安。我想人们有一种期望和渴求，去反思、诘问和挑战纯粹的功利主义、GDP至上主义给我们带来了什么。我觉得这就是为什么我一方面挑战主流，一方面又受到欢迎的原因。

《南风窗》：有一种观念认为中国和美国处在不同的历史发展阶段，因此，这两个国家面对的问题有所不同。对于中国来说，要紧的不是讨论市场的道德局限，不是确立福利制度，而是加快市场化步伐，让市场交易的"公平"和"规范"进一步统领社会，您如何评价这样的观点？

桑德尔：我想从最近几十年所发生的情况来看，中国与美国并没有什么差别。不管这两个国家是否处在社会发展的不同阶段，我们都正在从一个"有市场经济的社会"向"市场社会"大步迈进。"市场经济"和"市场社会"有着根本区别。"市场经济"只是一种工具，一个能够有效组织各种生产力要素的工具。它可以给包括中国在内的世界各国带来物质繁荣、经济增长和生活水平的提高。而"市场社会"与此不同。在一个"市场社会"中，任何事物都待价而沽，人类社会生活的所有角落都被市场交换关系所统领。广泛延伸的市场逻辑排挤掉了那些重要的非市场价值观。我认为，无论在中国还是美国，我们都有充分的理由去认真思考"市场经济"与"市场社会"的差别。每个社会都应该对纯粹市场逻辑所带来的危害有所回应。从我在中国的学生、读者和听众的反馈来判断，我还是看到了一些反思市场社会风险的高度自觉意识。

《南风窗》：在您的著作中，您不断尝试与主流的经济学家进行对话，并对他们的观点进行批评。您能否从自己的角度总结一下，当代的主流经济学在政治和道德基础上存在哪些问题？

桑德尔：很多主流经济学教科书都有一个明确的假设，即将一种人类行为转变为买卖关系和价格交换关系并不会改变这种人类行为的意义和价值。我认为这是一个错误的假设。如果是物品的交换，这个假设可能还奏效。例如汽车和电视机的买卖可能并不会改变它们的性质。但是当买卖关系和价格标签被应用在非物质领域的资源配置和价值估量时，情况就大不一样了。例如，现在美国很多学校采取用现金奖励的办法来激励学生读书学习。按照主流经济学的理解，一定的经济刺激导致人们相应的行为，更高的奖励带来更大的努力，所以为了达到让学生更努力学习的目标，这种办法是可行的。但是，当经济刺激的方式被采用时，学生们会认为读书和学习的目的仅仅是为了获得更多的经济回报。经济刺激由此改变了人们对特定行为的态度和认知，进而改变了这种人类行为的性质。所以，现金奖励的办法排挤了对学习知识的热爱，排挤了为了求知而读书的原本意义。

还有一点很重要。很多主流经济学家认为经济学是一个关于决策行为的中立科学。然而在我看来，经济学从来不是一门中立的科学。当我们给某种物品或行为进行定价时，很可能会改变它们的意义和价值，因此，经济意义上的定价行为并不是一个纯粹价值中立的科学问题，而是一个道德和政治问题。

重建非市场价值观

《南风窗》：您在自己的著作中不断强调公共讨论对于反抗市场至上观念的重要性。但是在今天，公共领域本身已经被市场的逻辑所侵犯，例如媒体、教育机构等等都已经广泛地商业化了。在这种理性公共空间被极度挤压的情况下，一个对市场逻辑的道德审问和反思如何可能？

桑德尔：这是一个非常重要的问题，我们要有公共的讨论就要有适当的渠道去展开这些讨论。这些讨论的渠道和平台本身不应该被经济利益和市场至上的意识形态所主导。这是每一个社会都面临的挑战，但我并不认为没有反抗的空间存在。举个例子，我自己就在大学里工作。今天的大学在一定程度上就被我们前面讨论的各种市场化趋势所裹胁了。经营和利润的压力在大学的高等教育中扮演着日益重要的角色。我想这是大学的管理者们必须思考的问题。当大学的职能退化成一个学生找工作的工具，那么高等教育的更高目标，即培养全面发展的个体，发掘学生的智能潜力，塑造积极公民等等教育宗旨就被排挤掉了。

但是与此同时，我们必须说，在大学教育中还仍然保留着挑战主流市场观念的空间。当教师和学生加入到对这些问题的讨论中，就有可能在一定程度上转变目前的局面，从而开放更大的空间来讨论大学教育的宗旨究竟是什么，其他社会机制的宗旨又应该是什么，以及我们应该怎样去做。

《南风窗》：在马克思看来，关键的问题不是市场，而是资本主义。解决问题的办法也不是重塑抵制市场的传统道德，而是通过现代革命来推翻不平等的社会结构，由此才能解决把一切都商品化的道德困境。您如何看待这种革命的方案？

桑德尔：我想就马克思的问题，我们可以这样回应：在真实的社会生活与人们用来解释生活的态度、设想、价值观之间有一种不间断的互动关系。二者是相互影响的关系。如果我们回首过去二三十年的变化，市场观念在社会生活领域里的兴盛在某种程度上已经促使我们真实的社会生活发生了改变。但是与此同时，如果人们努力去反思和改变现在的状况，在某种程度上扭转真实社会生活的发展方向是完全可能的。

我想今天最重要的挑战是以某种方式改变公共的文化，让人们有能力去反思和讨论，去质疑市场化的趋势，去带来公众对市场的道德局限的更多、更清晰的理解，去重新树立那些应该被道德统领，但却被市场侵犯了的领域。我想为了达到这个目的，我们首先要做的是改变公众的文化、态度和观念，这意味着去寻找和重建那些非市场的价值观。

重回传统？

《南风窗》：如今在中国知识分子中，功利主义和自由主义虽然仍是主流,但很多知识分子开始热衷于研读里奥·施特劳斯的著作,儒家思想的复兴也成为越来越引人注目的现象,您如何评价这些政治思想上的复古现象?

桑德尔:我想施特劳斯热和儒教的复兴都是知识分子在寻找另类出路的过程中所做的努力。这是一种寻找可替换的价值观念和可替换的道德传统的努力。我想每一个被市场逻辑支配的社会都希望能找到代替市场观念的道德资源,以此抵制市场逻辑在社会生活各个角落的渗透,这是非常重要的。某些知识分子重新重视孔子,其他人热衷于研读施特劳斯,这是一种值得欢迎的发展。它可以给关于正义和良善生活的公共商谈带来积极贡献。我们可能会由此找到一个新的公共生活组织方案,来代替纯粹功利主义或自由至上主义的方案。

《南风窗》:您曾经对功利主义和自由至上主义进行过尖锐的批评,如同您对市场逻辑的反思一样,您认为他们都将道德排除在了政治思考之外。然而在当代,一些思想家仍然沿袭启蒙的路径,或者从个人权利出发,或者从自反的理性出发,提出了一些新的政治方案,例如罗尔斯和哈贝马斯,您怎么看待他们的方案?

桑德尔:我认为罗尔斯和哈贝马斯实际上共享着同样的政治假设和同样的正义原则。他们都认为对于正义的理性商讨需要排除掉个体的特殊性。他们将人视为理性的存在,并且理性的公共话语需要剔除个人对于良善生活的认知、判断和感受。在哈贝马斯和罗尔斯看来,将儒教或者其他特定的道德资源引入公共讨论是不合适的,因为这些道德传统和精神传统并不是所有人共享的,因此会带来持续的争议。

对此我持有不同观点,我不认为一种理性的思考和公共话语的建构可能排除掉道德因素和精神因素,而且这种排除也是不必要的。我认为我们的道德传统和精神传统,与我们对正义的公共思考是无法分开并且密切相关的。我们应该鼓励人们去探寻对他们的生存有意义的各种道德资源,并将这些道德观念带入公共话语,而不是人为地为道德诉求设置障碍。我更倾向一种开放的、没有任何约束条件的关于正义的讨论。

《南风窗》:但是,某种特定的关于"良善生活"的道德诉求,是否会忽视不同价值观念和文化传统之间的平等问题,我们如何回应文化多元主义和女性主义的挑战?

桑德尔:我想我们应该倾听他们的主张,了解他们的想法,我们可以一件一件地分析和评价它们。文化身份的认同,就像宗教信仰和精神文化传统一样,都潜在地与关于正义的讨论相互关联。它们同样都存在于道德资源的列表当中,可以被公众用来讨论什么是正义,以及我们需要什么样的公共生活。但这都要看它们到底带来了什么样的主张,关于正义的各种道德判断并非全都有价值,我们会估计这些主张的价值,就像我们要估价道德、精神和宗教的价值一样,去估价它们对善和良善生活的概念,看看它们的说服力如何。我想对于这个问题,很难给出一个概括性的抽象答案。

《南风窗》:在您的著作《民主的不满》中,您曾经提到美国最初的宪政思想、宗教自由思想都与当代的主流非常不同,美国的立宪者们从来没有想将道德考量排除在政治和法律之外,您是美国传统公民共和主义(civic republicanism)的捍卫者吗?是什么因素造成了这一传统在日后的美国政治中逐渐衰退?

桑德尔:在美国立宪时期,联邦党人和反联邦党人之间曾经有过激烈的辩论,但他们双方都认为公民道德是构建良善社会的基础,而且人的道德品质在公共生活中是至关重要的。因此,公共生活的首要任务就是培养公共道德和公民的良好品格。但是今天,主流的政治观念则认为公共生活的目标不应该是树立道德,而应是保障个体权利,并促进经济增长。公民共和传统已经消退了,并且被一种对公共生活的程序化的科学管理理念所侵蚀。我想造成这种局面的第一个原因是经济增长的迫切性排挤掉了我们对于道德和良善生活的关注，第二个原因则是罗尔斯、哈贝马斯这类思想家提出了排斥道德考量的程序正义的政治方案，并且使之成为实际社会生活的主流。我之所以对公民共和传统抱有深切的同情，是希望能将我们的注意力重新转移到对重要的公民道德的坚守和对公民品格的塑造上来。

52. 意识形态冲突的未来

■ 史蒂夫·富勒 英国华威大学社会认识论教授

这届法国总统选举的结果似乎说明，旧有的左派-右派对立依然跟从前那样行之有效——显然在法国这个诞生这一概念的地方正是如此。但这种说法有道理吗？

现代的政治光谱其实是1789年大革命后法国国民议会上座次编排顺序的产物。当年坐在议长右侧的是国王和教会的支持者，而左侧则是他们的那些政敌们——后者唯一的共同点就是呼吁进行体制改革。这一区分利用了长久以来关于右撇子和左撇子截然不同的文化想象——人们对右撇子心怀信任，而对左撇子充满怀疑，同时也正好代表了历史上当时的情形。

回顾过去，很显然这种区分在其诞生后的200多年间都成功地界定了人们对党派政治的忠诚度，并贯穿了19到20世纪所有大规模的无论是极端保守的还是激进的政治运动。但如今大多数民主国家选民投票率的不断走低，也意味着这种把意识形态差异概念化的方式可能已经过时了。有人甚至认为在这个日益碎片化的政治图景中，意识形态和政党之间的相关性已经越来越弱了。

但在目前看来，有一种对立正在不断凸显，并可能重新塑造21世纪的左右派区分形式：在政策制定原则中对风险的预防性态度与"主动性"

态度。在社会心理学意义上，预防性政策制定者将自身的监管设定在预防最恶劣的结果上，而主动性政策制定者则试图把握住最可能获得的机会。

在这两者中预防性原则（the precautionary principle）更加广为人知，而且在环境和卫生立法方面也日渐流行。人们一般将其理解为一项针对全球生态的"希波克拉底誓言"（即医生开业誓言）：首先，不可伤害他人。相比之下，主动性原则（the proactionary principle）则与那些以未来主义者自封的人相关，他们认为"人"之所以为人，就是因为拥有在承担适当风险的情况下抢先一步行动的能力，不管最终是从成功中获益还是从失败中吸取教训。

这两项原则之间差异最显著的地方，莫过于它们对科学与技术之间关系的介入方式。预防性政策制定者会引用科学上的不确定性来遏制技术创新，而主动性政策制定者则鼓励创新，并将其视为一种科学假说验证方式的延伸。

两者同样在对人类持有的观念上大相径庭。持预防性观点的人希望实现人类的"可持续性"，而这总是意味着人越少越好，每个人对地球造成的影响越小越好。主动性倾向者却乐于无限增加地球上的人口数量，对他们来说这不过是一系列生存实验，至于结果如何则不太在意。

不出所料，传统的政治领袖和商界领袖对这两个群体都无法完全满意。毕竟预防性政策制定者宁愿把对商业价值观的保护凌驾于增长之上，而主动性阵营则会鼓动国人打破（而非秉承）现有的行为准则。

但或许在预防性和主动性理念中有一个共同点：在他们的理念中，显然不能赞同的是那种旧有的福利国家理想——这种理想认为，不管繁衍多少后代我们都能够确保其安稳生存的世界。无论在其他方面的分歧有多大，持预防性理念和持主动性理念的人都将这一想法否定掉，仅仅将之视为一个只在二战后几十年间于北欧短暂实现过的21世纪童话。

而这种否定背后潜藏的则是一种认识，认为人类本身正经历着一个自我认知方面的重大转换。然而这种转换却同时向两个截然相反的方向发展着，对此我称之为"人类 2.0"。

走预防性路线的人会让我们谦卑地重新认识到自己的动物本源——我们在这一点上已经迷失太久了，而主动性的倡议者们将加速我们与自身进化历史的决裂。如果他们没有一次过用智力更高的上等人和耐力更强的下等人取而代之的话，至少也会重新构建我们的生理构造。

当然，预防性和主动性原则，相对于主流政治论述来说依然是边缘化的。但它们也拥有将意识形态之轴扭转 90 度的潜力。右派目前已经分裂成了传统主义阵营和自由主义阵营，左派则解体为共产主义者和科技主义者。我猜在将来，传统主义者和共产主义者会形成政治光谱中预防性的那一极，而自由主义者和科技主义者则化身为主动性的另一极。

这将成为新的左派和右派——或者说是向上派和向下派。一群人扎根泥土，而另一群人则在仰望天堂。

53. 重新"开眼看世界"

■ 李北方　南风窗主笔

一花一世界，一叶一如来。世界原为佛教用语，译自梵文，世指时间，界为空间，世界是对自然界和人类社会的统称。

对世界的看法、对中国和世界的关系的理解，便是中国的世界观。中国的世界观是流动和变化的，各个阶段产生了对中国与世界的关系的不同理解。

中国传统天下观的天下，并非指整个世界，天下有地理上的和文化上的边界，虽然这个边界是模糊的。文明程度自中心开始，向外渐次递减，文明所不及之处，即为化外。反映在传统中国的治理方式上，中央政府并不要求化外之地遵从律令，而是采取"从俗从宜"的办法。

以儒家为主体的中华文明可以称为一种非侵略性的普世主义，这一视野将中国等同于世界，并赋予中国以充分的自信。在与英国打交道的初期，清王朝把"英夷"视为化外之邦之一。后世对清王朝自我封闭的批评，是基于失败后被改造过的观念出发的，放在当时，这种反映是合乎情理的。

英国包裹在自由贸易理论包装下的帝国主义扩张冲动是另一种世界观的产物。从鸦片战争开始，中国面对西方列强遭遇接连的失败，割地赔款。长期的屈辱导致了中国人重新审思中国与世界的关系，所谓"开眼看世界",意味着中国知识分子接受了中国不再是世界的中心这一事实。

随着列强欺压的加剧和相伴随的挫败感的深化,中国知识分子对自身的看法日渐极端化,康有为曾彻底颠倒了"华夷之辩",认为西方是"诸夏",中国才是"夷狄"。反传统的思想在五四期间达到顶峰,彻底改造中国的方方面面几乎成为当时知识分子的共识。孙中山"世界潮流,浩浩荡荡,顺之者昌,逆之者亡"的名言,反映了中国与世界的关系在百年间的完全颠倒:中国不但不是世界的中心,而且在世界之外,世界(西方)是一个外在于中国的存在和标准。

在漫长的革命年代消逝之后,这种思潮在1980年代重新复苏,新的标志性提法变成了"与世界接轨",虽然官方也经常使用"中国特色"这一范畴来调和西方规则和中国特殊情况。"与世界接轨"仍假定中国处于世界之外,除了接受世界的规则,中国正如撒切尔夫人所扬言的那样,"别无选择"。

这种世界观的再兴起与改革开放之初中国经济发展落后于西方有直接的关系,但它并没有随着中国在经济上的繁荣而发展,反而演化为一种僵硬的"公知范儿":不但中国必须无条件接受世界的规则,而且"世界"也不再是丰富的"诸夏",只剩下美国一家而已。

对持这样论调的一批知识分子,应该呼吁他们"跟上祖国前进的脚步",放下苍白的公知腔,去脚踏实地地研究世界。一批批有开拓精神的中国人已经把生意推进到世界的各个角落,但知识分子的研究却没有跟上这个进程。比如,中国公司活跃在非洲,也在非洲与各种全球的和本地的力量发生碰撞,但中国的学界提供了足够杰出的非洲研究吗?世界各地不乏中国媒体的派驻机构,但他们发回来的报道中看不到中国人看世界的视角,不过是在重复西方媒体的论调。

与此同时,伴随着中国经济发展上的成功,还涌动着另外一种对中国和世界关系的看法,即在"大国崛起"旗帜的掩护下,憧憬着中国成为另一个霸权，与美国共治世界，或者加入美国主导的不平等的国际秩序，谋求一个尽可能高的位置。反映在历史观上，这种思想倾向美化日本在明治维新后的道路，懊恼中国没能早点进入列强的阵营。

这种观念表面上体现了中国的主体意识，实则是另一种形式的"与世界接轨"，即全盘接受了西方的社会达尔文主义。其近代以来的思想根源，正是鲁迅所严辞批判过的"兽性爱国主义"。

物质的生产和知识的生产从来都不可分割开来。建立在过去一个甲子的奋斗基础上，中国的国力发展到了一个需要新的世界观与此匹配的地步。我们需要再次"开眼看世界"，重建中国的主体性并形成对中国与世界关系的新的想象，对"公知范儿"和"兽性爱国主义"予以双重拒绝。

为达这一目标，在认真研究世界的时候，应该激活近代以来中国思想中的另一个重要的资源，即体现在章太炎、鲁迅、毛泽东等先贤思想中的"反现代的现代性"。这一思想谱系的特点是，批判性地对待中国传统，在保持中国主体性的前提下吸取其他民族优秀文化，完善自我；同时批判性地反思西方的现代性逻辑，对单一现代性的负面后果有足够的警惕。它既是民族主义的，也是反民族主义的；既是现代的，也是反现代的。

理念需要附着于实力，没有实力的理念注定为虚妄；实力亦需理念指引，没有理念的实力必定会迷失。是时候明确地提出中国的世界观了——中国不等同于世界，也不外在于世界，中国是"世界的中国"，中国要参与一个更好的世界的创造。

编后记　新闻里的中国政治

■ 文/田磊　南风窗研究总监

在中国，从事政治新闻报道的记者和媒体机构，大抵没有几个是快乐或者说成功的。囿于各种限制，他们对于中国政治总是浅尝辄止、欲说还休。

这样的情形，与最近几年来，公众对政治话题和政治生活日益高涨的热情形成了鲜明对比。看看互联网就能明白，在全世界的互联网上，商业、娱乐、社交等内容才是主流，那些讨厌的政治话题多半是没多少人感兴趣的，但在中国的互联网上，充斥着大量的政治性内容，政治议题的热度足堪与娱乐比肩。

过去30多年的中国社会，被许多政治学者视为"去政治化"的30年，人们一边享受着经济和社会领域极大的丰富与自由，一边对政治参与导向的公共生活敬而远之，日渐淡漠。

2012年随着执政党最高领导层的换届，中国政治也开始迎来了一个新时代，大到高层政治架构，小到基层官僚治理，中国社会进入了一个政经制度变革异常活跃期。

有人将这个时代概括为"微政治"时代，政治与曾经很长时间主导人们政治生活的对理念、信仰、制度、权威等价值和相关命题的关切渐行渐远，而更多地表现为对民众日常生活的关注，或仅仅是对民众具体、细小甚至琐碎诉求和问题的回应。

用这样的视野来观照以大城市为主要聚居地的几亿都市中产群体或许是恰当的，他们的"政治"就是雾霾漫天时的无奈、交通拥堵时的咒骂、对高铁路过小区门口时的抗议、购车被限号时的愤懑等等。然而，中国的独特性还在于社会结构的二元分化，对于那些在大城市里讨生活的"流民"、那些聚居于破落县城和广袤农村的广大群体来说，他们的"政治"便传统了许多，仍旧是事关正义、公平、剥削、压迫与抗争种种。

微政治的视野远不足以覆盖所有人群，也无法取代有关制度、价值等传统的政治思考。阶级意识的退潮、大规模社会抗争的消逝等人们共享了几十年的政治生活前提，在未来也将不再绝对有效。

不过，有一点可以肯定，无论在哪个群体，政治终将从遥远的天边降落人间，使每个平凡的个体都有机会成为真正的"政治人"。本书中我们选辑的文章便足以呈现这个时代混乱不堪却又生机勃勃的政治图景：富人们对威权的惧怕、穷人们对威权的鼓掌；精英们理智又残酷的治国理想，平民们朴实却又时而短视的社会诉求。传统的政治理想不再能有效得统合所有群体，新的更具道德吸引力的政治模式还在重建之中。

虽然本书是从传媒业的视野出发去观察中国政治的复杂面貌，并不具备系统的学术价值，但他为这个时代的政治研究，为关心中国政治的人提供了一个极有价值的断面。